SIMONE PACOT

A EVANGELIZAÇÃO DAS PROFUNDEZAS

Nas dimensões psicológica e espiritual

EDITORA
SANTUÁRIO

DIREÇÃO EDITORIAL:	Pe. Flávio Cavalca de Castro, C.Ss.R.
	Pe. Carlos Eduardo Catalfo, C.Ss.R.
COORDENAÇÃO EDITORIAL:	Elizabeth dos Santos Reis
COPIDESQUE:	Leila Cristina Diniz Fernandes
COORDENAÇÃO DE REVISÃO:	Maria Isabel de Araújo
REVISÃO:	Ana Lúcia de Castro Leite
	Marilena Floriano
	Vanini N. Oliveira Reis
DIAGRAMAÇÃO:	Marcelo Antonio Sanna
CAPA:	Tiago Mariano da Conceição

Título original: *L'evangélisation des profondeurs*
© Les Éditions du Cerf, Paris, 1997
ISBN 2-204-05737-1

Tradução de Lair Alves dos Santos

Dados Internacionais de Catalogação na Publicação (CIP)
(Câmara Brasileira do Livro, SP, Brasil)

Pacot, Simone
    A evangelização das profundezas: nas dimensões psicológica e espiritual / Simone Pacot; [tradução Lair Alves dos Santos]. — Aparecida, SP: Editora Santuário, 2001.

    Título original: L'évangélisation des profundeurs.
    ISBN 85-7200-738-5

    1. Cura pela fé 2. Evangelização 3. Fé - Psicologia 4. Psicologia e religião 5. Saúde - Aspectos religiosos - Cristianismo I. Título.

00-5363   CDD-261.515

Índices para catálogo sistemático:
1. Fé e psicologia: Cristianismo 261.515
2. Psicologia e fé: Cristianismo 261.515

10ª impressão

Todos os direitos em língua portuguesa reservados à **EDITORA SANTUÁRIO** – 2023

Rua Pe. Claro Monteiro, 342 – 12570-045 – Aparecida-SP
Tel.: 12 3104-2000 – Televendas: 0800 - 016 00 04
www.editorasantuario.com.br
vendas@editorasantuario.com.br

PREÂMBULO

É através de minha experiência pessoal que tomaram forma os caminhos que neste livro tento explorar. Compreendi, assim, pouco a pouco, a relação vital existente entre a psicologia e a fé.

Faço parte de uma família católica que, na época de minha infância e adolescência, era não praticante. Pelos nove e, depois, pelos quatorze anos, vivi duas importantes etapas da fé: de alguma forma, encontrei o Cristo. Desde essa época, a dimensão espiritual pareceu-me a única capaz de dar sentido a minha vida; porém, era totalmente ignorante quanto ao plano psicológico.

Era muito empenhada em minha profissão de advogada, a qual exercia em Marrocos, onde nasci. Tentava, aí, viver minha fé, tendo sido muito interpelada pela vida de Gandhi, que nesta mesma profissão fizera voto pela verdade, vivendo seu engajamento político no espírito das bem-aventuranças. Fazia parte de uma equipe dedicada ao trabalho de reconciliação das diferentes comunidades muçulmanas, judias e cristãs, que coexistiam em Marrocos. Em seguida, engajei-me mais precisamente com outros crentes, numa partilha de vida simples e numa opção de não violência. Era assim que tentava integrar minha fé em minha vida.

Ao fio dos anos, encontrei-me diante das crises interiores, dos problemas de vida, que a oração não conseguia resolver. Era incompreensível e desesperador.

Uma porta começou a abrir-se, quando vivia numa pequena comunidade ao extremo sul do Marrocos. Estando um padre de passagem, comuniquei-lhe a impotência que me envolvia ao sair de um bloqueio relacional. Disse-me que era inútil trabalhar os sintomas; o epicentro do meu problema encontrava-se em outro lugar e cabia a mim trazê-lo à luz. Fiquei, então, incrivelmente aliviada acerca desse assunto. Havia, portanto, uma saída; não estava condenada a andar em círculos. Pressenti em mim uma terra inexplorada; e foi assim que comecei a descobrir a dimensão psicológica de minha vida. Enfrentei uma psicoterapia. Contudo, tão mal situada estava minha fé, que deixei de praticá-la. A dimensão psicológica parecia-me o único terreno seguro.

Dois anos mais tarde, quando prudentemente retomava contato com grupos cristãos, dei com a "porta aberta", em Chalon-sur-Saône, de um seminário da Igreja Episcopal (ramo americano da Igreja anglicana), animado por Georges e Victoria Hobson, cujo tema era "A cura interior". Esta expressão, que escutava pela primeira vez, pareceu-me imediatamente como portadora de grande sentido, trazendo uma direção nova e uma compreensão vital da Palavra de Deus. Durante essa sessão, compreendi a articulação, a junção possível e necessária entre os planos psicológico e espiritual. Soube, imediatamente que chegara ao porto, que encontrara o que buscava há tantos anos. Guardo sempre um reconhecimento infinito para com Georges e Victoria, que me abriram este caminho.

Comecei, então, a tentar viver para mim mesma o que havia descoberto. Travava, igualmente, dos intercâmbios profundos com outros que caminhavam na mesma direção. O trajeto da psicoterapia foi para mim insubstituível; permitiu-me entrar em familiaridade comigo mesma, aproximar-me de minha verdade; permitiu-me trazer à luz os nós que instalara, ou havia deixado instalar, no curso de minha história dentro de mim. Isso foi o início de uma grande retomada de ordem e de sentido.

De mês a mês, o plano psicológico tornava a situar-se, enquanto o espiritual reencontrava o seu lugar. Minha fé tornava-se cada dia mais verdadeira, mais viva, mais enraizada e também mais humilde. Mas, em certos pontos, como na culpabilidade, permanecia atada, oprimida. Possuía, contudo, a certeza de que a palavra de Jesus, que anuncia a libertação dos cativos, devia cumprir-se em minha vida.

Foi nessa época que descobri o Espírito Santo estando realmente vivo e operante dentro de mim, como em cada ser humano; tinha de aprender a colaborar com ele.

Tomei consciência de que o plano psicológico deveria abrir-se ao plano espiritual. As falsas direções que tomara não deveriam apenas ser exploradas no plano psicológico, mas constituíam transgressões às leis fundamentais da vida; transgressões às leis de Deus, as quais desconhecera ao viver baseada em noções inteiramente errôneas de sofrimento, de expiação, de reparação, de um Deus condenador. Percebi, claramente, minha parte de responsabilidade em minha história, bem como a escolha: fechar-me nela ou encontrar um caminho de vida.

Aderir à palavra de vida significava que tinha de mudar minha direção, tinha de deixar meus caminhos de destruição, para tomar os caminhos de vida que a Palavra me mostrava. Fiz a experiência de que, na graça de Deus, isso era possível. Soube, então, o que fazer daquilo que vira na psicoterapia.

O trajeto jamais terminou. Restam fragilidades, mas o caminho é fonte de paz profunda, posto que claro; a Palavra de Deus, aí, toma todo o seu sentido e a força do Espírito acompanha essa caminhada.

Em 1987, Ir. Minke, prioresa da comunidade das Irmãs de Grandchamp na Suíça (comunidade monástica de irmãs oriundas da Reforma), pediu-me para garantir ensinos sobre esses trajetos de cura interior, de evangelização das profundezas. É a partir dessa experiência que, pouco a pouco, tomou lugar, com a participação fraternal, orante e vigorosa das Irmãs de

Grandchamp, um ciclo anual de três sessões; alternam-se dentro desse ciclo ensino, grupos de partilha, acompanhamento pessoal e caminhadas individuais. Esses ciclos são anualmente organizados na França e em Grandchamp, que permanece para a nossa equipe como o nosso local de fundação e nossa fortaleza de oração.

Essa iniciativa está a cargo de um grupo ecumênico de pessoas engajadas numa organização chamada Betesda[1]. Juntos, refletimos, rezamos, trabalhamos sem cessar nos caminhos em que cada um se dedica, sem reserva.

Exprimo aqui todo o meu reconhecimento a Marie-Madeleine Laurent (psicóloga). Foi graças a sua reflexão, a sua experiência e a sua competência que fui levada a refletir sobre os temas dos limites do ser humano, da onipotência, das emoções que se ocultam, da violência, das funções maternas e paternas do amor de Deus, da cobiça, da rivalidade. Todos esses assuntos são tratados de maneira aprofundada em documentos de trabalho estabelecidos por ela mesma e por Dominique de Bettignies (também psicólogo). Retomo esses diferentes temas que se nos tornaram comuns. Conservei-lhes as ideias diretrizes, enquanto os desenvolvo à minha maneira, segundo minha especificidade.

Agradeço também, de todo o meu coração, àqueles que participam de nossas sessões. Agradeço-lhes o vigor com que se põem a caminho, sua fidelidade, sua amizade, o interesse profundo de que fazem prova; isso é para nós um verdadeiro sustentáculo, um auxílio ao aprofundamento de nosso serviço, uma renovação constante de nossa experiência.

---

[1] Associação Betesda: Ferme du Val Saint-Jean. 10150 Montsuzain.

INTRODUÇÃO

Somos evangelizados até às profundezas de nosso ser, em tudo o que nos compõe?

A Boa-Nova, a mensagem de vida do Cristo, atingiu nossas pulsões mais profundas, nossas dificuldades mais escondidas e agudas, nossos instintos de morte, de destruição e de autodestruição? Estamos dispostos a viver esta conversão completa, este impregnar-se de uma nova seiva que nos fará sair da morte para entrar na vida, numa relação renovada com nosso próprio "eu", com Deus e com o outro, inseridos no Reino?

Estamos ainda doentes por causa de nossa história?

Jamais somos passivos diante de nossa história, mesmo se houve alguma espécie de recalcamento. Nossa história não pode ser modificada; porém, em contrapartida, é possível mudar as consequências de nosso passado sobre o nosso presente. Pode ser um lugar de fechamento, de angústia, de vergonha, ou se tornar um trampolim, um motor para uma vida que vai partir daquilo que somos, baseando-se em nossa experiência vivida.

Bastante frequentemente um acontecimento será a revelação de uma de nossas falhas. Se uma das feridas de nossa história foi mal vivida, nossa reação corre o risco de ser desproporcional à gravidade do fato. Podemos ficar profundamente perturbados: cólera que ribomba ou explode, ódio tenaz, sentimento de angústia, de ciúme, de medo, de bloqueio diante do outro, impressão de não se ter saída, de estar-se atado. Ou então, repetimos com frequência o mesmo processo sob formas diferentes; de fato, reproduzimos nosso mal para encontrar outra saída que a já vivida. Mas, como não temos consciência do objetivo que buscamos, andamos em círculos. Nossa liberdade pode tornar-se alienada; nossa identidade destruída ou inexplorada; nossa afetividade excessivamente dependente do outro. Nossa personalidade pode ser ainda submetida ao domínio de outrem, misturada com a personalidade alheia, incapaz de receber o amor de Deus, de viver um verdadeiro amor. Todos esses estados são informações que de igual maneira constituem sinais de alarme, revelando que não fomos realmente evangelizados em nossas profundezas.

Que fazer? Em geral, rezamos para ser curados dos sintomas do mal; mas os problemas de fundo permanecem. Pensamos, então, não ter fé e cedemos ao desencorajamento e à depressão. Às vezes, é necessária uma análise ou uma psicoterapia com algum profissional (não se trata, em nenhum caso, de lançar-se em psicoterapias "violentas"). Mas, entenda-se bem, esse trajeto não deve ser sistematizado. Muitos podem viver uma restauração profundíssima, despertar, ser pacificados, reencontrando pontos de referência fundamentais que vão situá-los, corretamente, na condição de filhos e de filhas de Deus. Ao penetrarmos numa real compreensão da Palavra de Deus e das grandes leis da vida; ao zelarmos por nossas três dimensões — o corpo, a alma ou psique (isto é, os sentimentos, as emoções, os afetos…) — e o espírito (ou o coração profundo); ao recolocarmos tais dimensões em ordem; ao permitirmos que o Espírito as vivifique e que o Cristo nelas possa habitar; ao abrirmos a integridade de nossa história à luz de Deus, sairemos da fragmentação interior e nossa vida reencontrará um sentido. Este caminho é simples e está ao alcance de todos[1].

Não existe cura mágica

Este trajeto através da verdade não pode ser vivido, a não ser no encontro com a misericórdia; e tal caminho tem por fim a tomada de consciência de nossos verdadeiros pontos de conversão. Ora, frequentemente, desejamos com intensidade uma cura mágica, esperando que o amor de Cristo vá impedir-nos de viver uma descida aos lugares inauditos de nosso corpo, de nossa alma, de nosso espírito; uma descida até à tomada de consciência dos falsos caminhos que possamos ter tomado. Queremos a cura, mas não necessariamente a conversão. Eis a razão pela qual me parece preferível falar de evangelização das profundezas antes de falar de cura.

Contudo Deus cura, de verdade. Ele coloca-nos em liberdade, liberta-nos de nossas opressões, de nossas amarras[2]. Faz-nos sair de nossos túmulos[3]: *Eis que estás curado*, diz Jesus Cristo ao paralítico de Betesda[4]. Todavia, é essencial compreender bem o sentido profundo da cura que Cristo propõe, sob pena de nos exaurirmos ou de permanecermos na periferia de nosso ser. A cura é concedida muitas vezes sob uma forma inteiramente diversa da esperada. Desejamos com frequência uma cura completa, não reconhecendo uma restauração real, em que possam subsistir, contudo, fragilidades físicas e psicológicas. Aceitá-las e assumi-las com um coração pacificado e iluminado é um verdadeiro caminho em direção à cura. É possível também que esperemos a cura de algum ponto preciso, enquanto que outra zona é atingida e chamada à conversão. Renunciar para obter

---

[1] Dt 30,11-14.
[2] Lc 4,18.
[3] Jo 11,43-44.
[4] Jo 5,14.

um fruto imediato é uma disposição fundamental do coração. Vamos caminhar, dar um passo após o outro, dia após dia; vamos aprender a docilidade, guiados pelo Espírito.

Preocupamo-nos geralmente em ser libertados de um dado tormento, de uma pequena coisa que nos descompõe ou nos inquieta, de um sintoma incômodo que é, na verdade, a manifestação de uma dor muito profunda. Se a semente for recebida apenas no intelecto, na mente, na razão, o Espírito e o Verbo não penetram até o âmago de nossas entranhas, de nossa carne, de nossos grandes remorsos interiores; nada será verdadeiramente tocado. Este trajeto é um caminho de encarnação, de descida do Espírito em nossa humanidade, é isto que Jesus Cristo viveu.

Não nos inquietemos, pois o Espírito vive em nós e vai ajudar-nos a caminhar. É ele quem nos chama a esta senda, à estrada de todo o ser humano que experimenta, em sua intensidade própria e pela graça do Cristo, como o Verbo se fez carne[5], como a Palavra toca a carne.

Deus é amor

O amor de Deus é paterno e materno, como deveria ser todo amor. O amor de Deus é um amor verdadeiro. Deus é Pai com entranhas de mãe: ama-nos em verdade. É preferível falar em termos das funções paternas e maternas do amor de Deus a falar de Deus pai e mãe. Contudo, Deus é essencial e fundamentalmente Pai; isto significa que seu amor é vivido sem confusão, numa justa distância. Todavia, ama-nos com uma ternura de mãe. Porém, não ver em Deus senão a mãe leva-nos ao simbolismo de um amor fusional, no qual a pessoa corre o risco de não mais existir[6]. Deus é infinita misericórdia; não obstante, é também

---
[5] Jo 1,14.
[6] CLÉMENT, Olivier. *Athanase d'Alexandrie, sources*. Paris, Stock, 1986, p. 65.

aquele que outorga as grandes leis da vida, leis que não podemos transgredir sob pena de tornamo-nos profundamente perturbados e infelizes. O amor de Deus é terno, misericordioso; contudo, igualmente luminoso e vigoroso. Tal amor conduz-nos a aceitar a verdade sobre nós mesmos. Nem poderia ser de outra maneira, porque apela para nossa liberdade. Tudo é concedido na graça de sua presença e de sua misericórdia, mas também teremos nossa parte a desempenhar.

Nos caminhos da evangelização, os dois apoios necessários são o amor e a verdade, um inserido no outro. Não pode haver amor real sem verdade. Não pode haver verdade construtiva sem amor. É por encontrarmos o verdadeiro amor que nos tornamos capazes de viver o caminho da conversão, o caminho de saída da cegueira. É então que podemos ver-nos como realmente somos, que podemos aceitar ser vistos por Deus na verdade.

Deus é amor, ama-nos com um amor de misericórdia, chamado *ágape*. O amor de Deus precede-nos, procura-nos, vem ao nosso encontro. Ele ama-nos primeiro. De que serve esgotar-se no desejo de encontrar a Deus, quando é ele quem consegue atingir-nos, quem espera que nos deixemos tocar? É sempre ele a tomar a iniciativa. Henri Nouwen não diz outra coisa, quando escreve: "Durante a maior parte de minha vida, lutei para encontrar a Deus, para conhecê-lo, para amá-lo (…); agora, pergunto-me se percebi o suficiente como, durante todo esse tempo, Deus tentava encontrar-me, conhecer-me, amar--me"[7]. Cada um é criado e amado como se fosse o único. Eis uma lei fundamental da vida. Cada um é ele mesmo, possui sua identidade, completamente pessoal, sua própria missão e direcionamento. A diferenciação, a singularidade dos seres humanos é um princípio essencial, pois fundamenta nossa relação com Deus, bem como nossa identidade, nosso futuro.

---

[7] NOUWEN, Henri. *Le Retour de l'enfant prodigue*. Bellarmin, p. 132.

É o nosso ponto de partida, nossa âncora, nosso consolo, a Boa-Nova, a nossa segurança essencial. Cada um de nós é acolhido por Deus como o bem-amado[8]; é chamado seu filho[9], conhecido pelo nome[10], gravado sobre a palma de suas mãos. Cada um é precioso a seus olhos[11], sem exceção. Esse amor é dado por inteiro, sem comparação, nem mérito, nem preferência. Quaisquer que sejam nossa condição, nosso passado, nossa forma de enfermidade ou de morte, o amor está lá, à nossa espera, sem ruptura, sem interrupção nem abandono, acolhendo nossas fragilidades, nossa vulnerabilidade, nossas dores, nossas quedas com ternura. Podemos abrir a esse amor a totalidade de nossa história, sem receio de julgamento, de rejeição, de condenação. Somos encontrados, contemplados, escutados, no âmago de nosso desânimo, como o enfermo de Betesda que Jesus cura em meio à multidão[12]. Choremos, repousemos, apoiemos nossa cabeça sobre o coração do Pai; deixemo-lo colocar suas duas mãos sobre nossos ombros; vivamos essa experiência surpreendente do filho da parábola[13]. A porta nunca está fechada para retornarmos ao Pai, mesmo se estamos sujos e em pedaços, humilhados, envergonhados, fracassados, confusos ou esgotados. O Pai vigia à espera de nosso retorno[14], corre ao nosso encontro, toma-nos em seus braços, num longo abraço, e celebra uma festa; pois é grande a alegria, mesmo por um único filho que volte[15]. Permitir o encontro, deixar-se tocar, restaurar por esse amor é o primeiro passo, a primeira descoberta fundamental.

---

[8] Mt 3,17.
[9] Lc 15,31.
[10] Jo 10,3.
[11] Is 49,16 e 43,4.
[12] Jo 5,6.
[13] Lc 15,20-24.
[14] Idem.
[15] Lc 15,32.

Contudo, as desordens afetivas, as feridas do coração, que talvez delinearam nossa história, podem ser outros tantos obstáculos a esta capacidade de receber o amor de Deus. Se tal amor é vivido como impensável, inacessível, perigoso ou ameaçador; se nos instalamos na autossuficiência e adquirimos o hábito de tomar nossas iniciativas sozinhos, contando apenas com nossas próprias forças e competências, o amor de Deus não nos poderá atingir. O amor divino é sempre uma oferta, jamais uma imposição.

O que nos terá acontecido, para que nos encontremos na incapacidade de receber o amor de Deus? Como é que nos deixamos amar? São questionamentos essenciais, que se vão esclarecer aos poucos, à medida que caminhamos.

Deus é verdade

Em Deus, encontramos nosso ponto de referência; nele aprendemos as leis da vida que nos vão devolver uma justa orientação. Em sua graça, seremos capazes de tomar consciência de nós mesmos, de deixar-nos aclarar em verdade; de fazer escolhas; de deixar o caminho de morte e de tomar o caminho da vida; de recolocar-nos em marcha. Poderemos, enfim, erguer-nos e carregar nosso leito, pela fé em suas palavras, como fez o enfermo de Betesda[16].

Muitos fizeram essa descoberta maravilhosa do amor pessoal de Deus, vivendo então um verdadeiro encontro. As suas vidas mudaram por completo: a partir dessa experiência, existe um antes e um depois. Todavia, pode acontecer que imperceptivelmente digamos a nós mesmos: já que Deus é amor, nada nos resta, senão receber. Assim, expomos a Deus nossas feridas

---
[16] Jo 5,6-9.

e problemas, esperando que ele tudo faça em nosso lugar; esperamos, desta maneira, poupar-nos de uma caminhada dentro da verdade. Esquecemos de que somos chamados a viver uma justa colaboração com o Espírito, a ser parte ativa na obra salvífica de Cristo em nós. De algum modo, então, acolhemos somente o lado materno do amor de Deus, arriscando-nos a ocultar por completo o caminho de volta, esse trajeto que nos faz mergulhar em nossas profundezas, para uma essencial reestruturação interior. É grande o risco de regredir, de infantilizar-se, sob o pretexto de possuir um coração de criança. O amor de Deus não infantiliza o ser humano; antes, exige que este se mantenha de pé, vivo, através das provações da vida. Deus salva e concede o Reino; contudo, chama-nos à transformação, a passar de sua imagem à sua semelhança, a realizar nossa condição de filhos e filhas de Deus, engajando nossa liberdade.

É essencial viver plenamente esses dois aspectos do amor de Deus. É fundamental não cair em nenhuma das armadilhas que nos ameaçam: crer que Deus vai fazer tudo em nosso lugar ou contar com nossas próprias forças, esquecendo de que somos chamados, esperados, salvos. Pode acontecer, então, que nos endureçamos, que nos esgotemos, que nos privemos do dom de Deus, que não saibamos mais acolher a salvação. Em vez de contemplá-la, tornamo-nos insensíveis a ela.

Pela graça de Deus, na função paternal de seu amor, o ser humano poderá reencontrar seus pontos de referência, reestruturar-se, aprendendo as grandes leis da vida, às quais possa aderir. Vivamos de sua graça para desenvolver nossa liberdade, nossa identidade; tornemo-nos servidores do Reino, cada um em sua função específica, e empreendamos o combate espiritual de todo filho e filha de Deus.

Na função maternal do amor de Deus, em suas entranhas de misericórdia, sejamos literalmente recriados no amor.

Relação entre as leis espirituais e as leis psicológicas

"As leis espirituais jamais se opõem às leis psicológicas. Neste sentido, podemos dizer que as primeiras assumem as últimas. Contudo, as leis espirituais situam-se em outro plano, não podendo ser reduzidas à dimensão da psique."[17] As diretrizes do espírito são mais abrangentes, possuindo outro fim. A fé espiritual ultrapassa, orienta a lei psicológica, dando-lhe finalidade, porém não pode matar, extinguir, ignorar ou negar o funcionamento psicológico.

O fim primeiro das leis espirituais é o de impelir-nos a tomar consciência de nossa condição de filhos de Deus, de nosso devir como filhos e filhas de Deus, de nossa liberdade fundamental. Somos, então, conduzidos à consciência do dom, ao combate espiritual, mas não à contradição ou à negação de nossa realidade psicológica ou biológica. O nosso espírito não pode unificar o que está em nós fragmentado, despedaçado.

Como é constituído o ser humano

O ser humano é constituído por três componentes: o espírito (ou o coração profundo), a alma (ou a psique) e o corpo. O homem é espiritual, psíquico e corporal. Cada componente é apenas uma parte desse ser, que não é exclusivamente psíquico ou corporal. O homem não é unicamente espírito, é a unidade entre os seus três componentes[18]. Sua tarefa será a de reencontrar essa unidade, vivendo integralmente cada uma de suas dimensões. O coração profundo é o centro de nosso ser, o

---

[17] THÉVENOT, Xavier. Comunicação pessoal.
[18] LARCHET, Jean-Claude. *Thérapeutique des maladies spirituelles*. Suresnes, Éd. de l'Ancre, col. "L'arbre de Jessé", 1991 e 1993; reeditado pela Éd. Du Cerf, 1997.

nosso cerne mais íntimo, o coração do coração, do qual nos fala a Bíblia, que não consiste no sentimento, mas no lugar de encontro com Deus. A psique consiste nas emoções, na afetividade, nos sentimentos, na inteligência, na imaginação, em todas as nossas faculdades; é o lugar onde travamos relacionamento com nosso próprio ser e com o outro. O corpo assume todo o plano físico, biológico. Tanto este, como a psique, como o coração profundo não estão no mesmo plano; interpenetram-se, sem se confundir. É essencial não confundir os planos, mas situá-los claramente, distinguindo-os. Contudo, assim como não existe mistura, não existe também divisão, oposição, dissociação.

Todo o trajeto de evangelização de nossas profundezas vai situar-se nessa busca de unidade, sem confusão. É fundamental viver nosso ser integral, nossos três componentes, sem negligenciar nenhum. Nesse processo, deixemos o Espírito operar livremente em nosso ser, pois é sua função unificar-nos. Há em nós, como na Criação, uma ordem interior que devemos conhecer e respeitar.

O objetivo do trajeto

Que viemos buscar, abordando esses caminhos? Uma cura total e imediata? A supressão de sintomas que nos atormentam? Uma forma de felicidade, de bem-estar, de expansão de nosso ser? Tudo isso não é a finalidade de nossa caminhada, e é básico não nos enganarmos a respeito. O fim de nossos caminhos de evangelização das profundezas é colocar Deus em seu devido lugar em nossa vida. É retornar a ele, vivendo plenamente nossa humanidade e deixando-a vivificar pelo Espírito. Trata-se, dessa maneira, de aderir à salvação em todas as zonas de nosso ser; de recompor-nos, reajustando-nos às leis fundamentais da vida. A finalidade dessa caminhada é a de viver plenamente nossa condição de filhos e filhas de Deus, de servidores do Reino.

Nosso fim, portanto, é viver a Páscoa, o movimento de retorno, atualizando assim nosso Batismo. Vamos descer às águas do Jordão, ao vácuo de nossa história, abrindo-a à vida, ao escutarmos a Palavra que também nos é dirigida: "Este é o meu Filho bem-amado"[19]. O caminho consiste em começar a partir de nosso próprio ser — pois é nossa primeira responsabilidade, nosso primeiro campo de experiência —, mas não em ficar por aí. Tomamos a nós mesmos como ponto de partida, mas não como fim[20]. Dessa forma, veremos maravilhados que, caminhando para a conversão, o mundo circundante a nós começará a renovar-se; tornar-nos-emos verdadeiramente operários da messe de Deus[21].

---

[19] Mt 3,17.
[20] BUBER, Martin. *Le chemin de l'homme*. Mônaco, Éd. du Rocher, 1991, p. 42.
[21] Lc 10,2.

A PALAVRA DE DEUS

Cura de um enfermo na piscina de Betesda
Jo 5,1-18

¹Depois disso, por ocasião de uma festa dos judeus, Jesus subiu a Jerusalém. ²Existe em Jerusalém, junto à porta das Ovelhas, uma piscina que em hebraico se chama Betesda, com cinco pórticos. ³Sob esses pórticos, deitados pelo chão, numerosos doentes, cegos, coxos e paralíticos ficavam esperando o borbulhar da água. ⁴Porque o anjo do Senhor descia, de vez em quando, à piscina e agitava a água; o primeiro, então, que lá entrasse, depois que a água fora agitada, ficava curado, qualquer que fosse a doença. ⁵Encontrava-se ali um homem doente, há trinta e oito anos. ⁶Jesus, vendo-o deitado e sabendo que já estava assim havia muito tempo, perguntou-lhe: "Queres ficar curado?" ⁷Respondeu-lhe o enfermo: "Senhor, não tenho quem me jogue na piscina quando a água é agitada; ao chegar, outro já desceu antes de mim". ⁸Disse-lhe Jesus: "Levanta-te, toma o teu leito e anda!¹" ⁹Imediatamente o homem ficou curado. Tomou o seu leito e se pôs a andar.

Ora, esse dia era um sábado. ¹⁰Os judeus, por isso, disseram ao homem curado: "É sábado e não te é permitido carregar teu leito". ¹¹Ele respondeu: "Aquele que me curou, disse: 'Toma o teu leito e anda!'" ¹²Eles perguntaram: "Quem foi o homem que te disse: 'Toma o teu leito e anda?'" ¹³Mas o homem curado não sabia quem fora. ¹⁴Depois disso, Jesus o encontrou no Templo e lhe disse: "Eis que estás curado; não peques mais, para que não te suceda algo ainda pior!" ¹⁵O homem saiu e informou aos judeus que fora Jesus quem o havia curado. ¹⁶Por isso os judeus perseguiam Jesus, porque fazia tais coisas no sábado. ¹⁷Mas Jesus lhes respondeu: "Meu Pai trabalha até agora e eu

---

¹ *"Lève-toi, prends ton grabat et marche"*, "Être acteur de sa vie" é o título de um documento de trabalho feito por LAURENT, Marie-Madeleine e DE BETTIGNIES, Dominique, a partir do evangelho de Betesda.

também trabalho". ¹⁸Então os judeus com mais empenho procuravam matá-lo, pois além de violar o sábado, dizia ser Deus seu próprio Pai, fazendo-se assim igual a Deus.

Jesus, vendo-o deitado e sabendo que já estava assim havia muito tempo, perguntou-lhe: "Queres ficar curado?"[2]
Jesus está em Jerusalém, na época de uma festa judia, no dia do sabbat, numa construção do Templo, munida de uma piscina chamada Betesda. Em torno da piscina, há *numerosos (...) cegos, coxos e paralíticos*[3], à espera do borbulhar da água, sinal da passagem do anjo do Senhor, para precipitarem-se na piscina; o primeiro a entrar ali seria curado. Jesus está lá, no meio desta agitação; como sempre nem estressado, nem sobrecarregado, mas repleto da presença de Deus, atento a cada um. Destaca um homem perdido na turba, inerte, silencioso. Os lugares são descritos com minúcia; mas nenhuma precisão é dada acerca deste homem. Isto parece significar que nem ele sabe mais quem é. Jesus toma a iniciativa do encontro, porque é o dia do sabbat; contudo, a razão mais certa é a de que este homem está tão desanimado que não tem nem força, nem coragem, para pedir ajuda. Está completamente passivo. Apesar de estar ali, na verdade, não tenta mais nenhum gesto. E frequentemente é isto que ocorre, quando vamos mal: não vemos mais saída, perdemos a coragem, pensamos que tudo está perdido.

Jesus vai a ele. O homem não precisa mais mover-se, é Jesus quem se move. É Deus quem ama primeiro. Ele conhece nossas necessidades mais profundas. Bate à nossa porta quando desmoronamos. A graça de Deus vai em busca de seus filhos perdidos, para reconduzi-los a casa.

Jesus interessa-se por este homem, como se estivessem ambos a sós. Ele o olha, fala-lhe, questiona-o, dá-lhe tempo,

---
[2] Jo 5,6.
[3] Jo 5,3.

acolhe sua resposta; esforça-se em esperar que algo neste homem ponha-se em movimento. Jesus faz com que este enfermo viva uma primeira e fundamental cura. Revela-lhe que tem valor, que é uma pessoa, que é importante para alguém; esse homem é digno de interesse, amado de maneira única, como cada filho de Deus.

Jesus perguntou-lhe: "Queres ficar curado?"

Através desta única pergunta, Jesus revela a este homem a causa de sua doença: ter deixado extinguir seu impulso vital, seu desejo de vida, ele não sabe mais querer. Jesus vai além das aparências, jamais permanece na periferia de um ser humano, não vem para curar as manifestações de uma paralisia, de um mal, mas sim a causa destes: "Jesus está ali, portador de graça, isto é, portador de um Deus que vai buscar e mobilizar a vitalidade do homem e conduzi-lo à cura"[4].

Respondeu-lhe o enfermo: "Senhor, não tenho quem me jogue na piscina, quando a água é agitada; ao chegar, outro já desceu antes de mim"[5].

A interpelação lançada por Jesus é direta. Exige, portanto, uma resposta precisa: sim ou não. Ninguém pode responder no lugar desse homem; só ele sabe em que posição está. Contudo, o homem fala dos outros, não do que vive, não do que deseja ou sente: *Ninguém para me lançar na piscina*, para me carregar. Porém, acaba escutando a interpelação, que significa que qualquer que seja nosso estado de desânimo, é sempre possível escutar a voz de Deus. Ela atravessa nossas trevas, trevas que não a podem deter[6].

E o enfermo responde. Responde evasivamente, mas esforça-se por responder: começa a comunicar-se. E isto basta.

---

[4] D. Marguerat, Pasteur. Ensino dado por ocasião de um retiro sobre os "caminhos de cura no Evangelho".
[5] Jo 5,7.
[6] Jo 1,5.

Uma gota de vida começa a rolar, o processo de cura se pôs em curso, pois este homem fez um gesto, um pequenino gesto, o único que provavelmente podia fazer. Porém, agora, o enfermo está em relação com aquele que procura atingi-lo: à sua maneira, abriu a porta.

Disse-lhe Jesus: "Levanta-te, toma o teu leito e anda!" Imediatamente o homem ficou curado. Tomou o seu leito e se pôs a andar"[7].

A ordem de vida é dada por Jesus. O homem obedece. Não sabe quem é Jesus, mas pressente que aquele que lhe fala é portador de vida. O paralítico poderia ter perfeitamente permanecido deitado, mas adere à ressurreição. Jesus não o toca, como faz com outros enfermos; não o toma pela mão, para ajudá-lo a levantar-se, pois a cura desse homem passa, precisamente, pela recuperação da confiança em sua própria identidade. O doente deve escolher levantar-se por si mesmo; deve reencontrar seu desejo de viver.

Tudo é concedido numa total gratuidade, é Deus quem cura. Todavia, é-nos requerido um ato interior, a fim de apreender o dom. E o ato que esse homem faz é não fechar sua porta, achando-se indigno de Deus.

O leito também não é abandonado imediatamente. É pedido ao homem curado "carregá-lo" e não jogá-lo fora. Carregar seu leito é um ato interior preciso; eis um verbo ativo, opondo-se à passividade do "estar deitado". Carregar seu leito é inverter o movimento, mudar de direção, substituir um movimento de morte por um movimento de vida. Isto significa que não partimos do nada, não partimos do zero, mas erguemo-nos, colocamo-nos em marcha a partir do nosso passado. Carregar seu leito é romper com a prisão a seu mal. É tomar consciência de seus verdadeiros problemas, livrar-se do "vitimismo" e não

---

[7] Jo 5,8-9.

mais esperar que os outros nos carreguem para mergulhar-nos na piscina.

Teremos todos um trecho do trajeto a perfazer, carregando nosso leito. Depois, virá o tempo de lançá-lo fora e, então, na graça de Deus, ter-nos-emos tornado capazes de "deixar ir-se aquilo que nos fez o mal"[8].

Depois disso, Jesus o encontrou no Templo e lhe disse: "Eis que estás curado; não peques mais, para que não te suceda algo ainda pior!"[9]

Em seu caminho, o homem torna a encontrar Jesus, que acompanha sua obra de despertar. Não há nessa frase de Jesus nenhuma ameaça, que fique bem entendido. Esse homem curado acolheu o dom de Deus; está de pé, vive, enquanto outrora estava morto. Apenas neste momento Jesus pode começar a responsabilizá-lo. Agora, o homem é capaz de compreender o que lhe sucedeu; pode encarar seu mal de frente, nomeá-lo, pois encontrou o amor vivo. Reencontramos a verdade, o vigor do amor de Deus que alerta: "Não retomes teus velhos hábitos, não tornes a revestir tua velha roupagem. Vigia, cuida agora da vida que está de novo em ti".

As recaídas normais, inevitáveis, não significam que nos sucede algo ainda pior. O "algo ainda pior" é deitar-se novamente após uma queda, em vez de retomar seu leito e de recolocar-se a caminho. "Algo pior" consiste ainda em crer que tudo já está pronto, enquanto é indispensável vigiar e cuidar da vida[10], para que ela traga fruto. É, enfim, não confiar na graça e imobilizar-se na impotência.

---

[8] BASSET, Lytta. *Le Pardon originel*. Genève, Labor et Fides, 1995, p. 422.
[9] Jo 5,14.
[10] Mt 13,33.

Primeira parte

ABRIR-SE AO ESPÍRITO

I
O CHAMADO

Retirai a pedra[1], diz Jesus diante do sepulcro de Lázaro. Retirai o que impede o sopro de Deus de entrar em vossos túmulos. Abri o que está fechado em vós. Depende de vossas resistências. Quando Jesus pede que se retire a pedra do sepulcro de Lázaro, Marta aflige-se: Senhor, cheira mal; é o quarto dia...[2] Jesus faz pouco caso disso; veio para entrar onde cheira mal, para abrir o que está aferrolhado, para fazer retornar à vida o que está morto.

Eis que estou à porta e bato; se alguém ouvir minha voz e abrir a porta, entrarei em sua casa e cearei com ele e ele comigo[3]. O convite é todo feito de ternura, de desejo e de liberdade, introduzindo-nos, sem dificuldade, num movimento interior. Como sempre é Deus quem toma a iniciativa. O Cristo e o Espírito batem à porta. O Cristo busca ser acolhido pelo ser humano de uma maneira toda especial, para viver uma relação de proximidade, inesperada, inaudita. O Espírito procura entrar para fecundar, recolocar em ordem, restaurar e unificar. Desejemos com todo o nosso ser a vinda do Espírito, pois sabemos (mesmo se não o exprimimos) que existe em nós

---
[1] Jo 11,19.
[2] *Ibid.*
[3] Ap 3,20.

uma falta, uma carência, que é na verdade o desejo de conhecer a Deus, como quer que o chamemos. Há uma atração profunda entre nós e o Espírito. O Espírito impacienta-se por entrar e cumprir sua função, assim como a nossa carne tem sede dele. Será que ouvimos as batidas à porta de nosso ser? Abrimos a porta? Ou será que estamos à periferia de nós mesmos, cortados de nossa fonte? Sabemos que Deus habita o ser humano, fazendo assim deste o templo do Espírito? Sabemos que o homem pode literalmente viver da vida de Deus, ser por ele alimentado, irrigado?

Effatá (abre-te)[4]. É uma palavra de Jesus dirigida a um homem fechado por um muro, em si mesmo. Este não escuta, fala dificilmente; está completamente dobrado sobre si mesmo, sobre o seu mal. Jesus colocou os dedos nas orelhas dele e, com saliva, tocou-lhe a língua... e diz-lhe: *Effatá, que quer dizer, abre-te. Imediatamente se lhe abriram os ouvidos e a língua se lhe desprendeu*[5].

1. Que deve ser aberto?

Tratar-se-á de abrir ao Espírito a integridade de nosso ser e não apenas o coração, ou a parte de nosso ser que nos convém, ou aquela que nos é mais familiar. Nosso ser, em sua globalidade, é o tesouro que nos foi dado e confiado. Ele tem uma história, uma consistência, uma realidade, um potencial de riqueza e de recursos talvez ainda inexplorado. Esta primeira etapa consistirá em deixar o Espírito circular livremente em todos os cômodos de nossa morada, arejando-os, ventilando-os, religando-os, dando-lhes vida e reorientando-os. Esse

---

[4] Mc 7,34.
[5] Mc 7,34-35.

movimento de abertura vai, obrigatoriamente, conduzir-nos a uma tomada de consciência acerca da maneira com que habitamos nosso próprio ser. Ocorre com frequência que tenhamos desertado uma zona de nós mesmos que vive então no exílio, afastada de nossa fonte interior, e que vai acabar por morrer de fome, como o filho pródigo[6], ou acabar por secar, como o sarmento cortado da cepa[7].

Esta dissociação pode ser vivida de múltiplas maneiras. Certas pessoas estão muito à vontade dentro de seus corpos, em sua relação com a terra, a matéria; contudo, perderam o caminho de seu coração profundo, que dorme. Outras desenvolveram essencialmente sua inteligência, perdendo o contato com as suas emoções. Estas são indecifráveis, pois os grandes sofrimentos, o ódio, a cólera, o ciúme, não emergem à superfície. Muitas vivem apenas no plano afetivo, correndo assim o risco de serem invadidas por sentimentos desordenados, de esgotarem-se numa procura excessiva e deslocada de amor. Ou então, ao contrário, são pessoas que anestesiaram sua afetividade, bloqueando-lhe qualquer expressão: talvez, tal afetividade congelou-se por causa de uma carência ou de uma perda de amor, de uma traição, de uma insegurança afetiva. Alguns decidiram não mais amar, para sofrer menos por uma eventual ruptura ou perda de amor; preferiram não mais se deixar amar a serem traídos ou abandonados. A sensibilidade, este tesouro que nos foi confiado, secou. O corpo não cumpre mais sua função. Este pode ora absolutizar seu espaço ora endurecer-se, aferrolhar-se, permanecendo na defensiva, se o indivíduo não teve carinho ou foi agredido. Interessar-se apenas pelo plano espiritual, negligenciando o corpo e a psique, é perigoso. Será indispensável reencontrar a unidade do corpo, da afetividade, da sensibilidade e das emoções.

---

[6] Lc 15,17.
[7] Jo 15,6.

Abrir-se ao Espírito e ao Cristo não é tão fácil quanto viver essa abertura. Trata-se de um movimento interior que não é difícil, mas que vai chocar-se com a pedra que fecha a entrada; com as resistências que vêm, a maior parte do tempo, do fato de não termos vivido nossas feridas de maneira sã. Não é preciso inquietar-se de forma alguma por não sermos capazes de abrir-nos de imediato. É inteiramente normal. Vivemos cercados e envolvidos por cercas de silvado, que são nossas defesas. Estas não são más, longe disso; é bom proteger-se. Mas é essencial sair, pouco a pouco, da desconfiança de si mesmo e acolher seus primeiros movimentos como preciosas fontes de informação. Ousar, enfim, apresentar-se a Deus tal como somos, sem medo, com toda a confiança.

2. A onipotência de Deus ou o amor todo-poderoso?

Vivemos num mundo feito de relações de forças, de poder. Provavelmente vítimas desse fato, entramos em confronto com o nosso próprio desejo de sermos onipotentes. E, muito naturalmente, fabricaremos a representação da onipotência de Deus à imagem do desejo de onipotência do ser humano. Isto, bem entendido, vai dar o tom de toda relação ou recusa de relação com Deus. É essencial não se abrir a qualquer coisa indiscriminadamente; seria um extremo perigo. "A ideia de Onipotência é ambígua; uma potência pode fazer muito bem, mas também muito mal."[8] Confiar em um Deus todo-poderoso, sem aprofundar mais esta noção, é perigoso. É normal não mais saber como situar nossa liberdade nesta forma de relação. "Dizer que Deus é todo-poderoso é colocar como pano de fundo um poder que pode exercer-se pela dominação, pela destruição."[9] É falso exprimir, de início,

---

[8] VARILLON, François. *Joie de croire, joie de vivre*. Paris, Centurion, 1981, p. 25.
[9] *Ibid.*

a onipotência de Deus e acrescentar, de roldão, que ele é amor. "A onipotência de Deus é a onipotência do amor; é o amor que é todo-poderoso."[10] Apreendamos a diferença fundamental que existe entre "um todo-poderoso que nos amaria e um amor onipotente. Em Deus, não há outra potência que a potência do amor"[11]. Abramos sem medo a porta a esse amor.

Ao mesmo tempo que o amor, entrarão a luz e a verdade; porém estas entrarão à maneira do Cristo, e não há perigo nisso: *pois o próprio Pai vos ama*[12]. Não seremos jamais destruídos, constringidos, massacrados ou abandonados. Contudo, importa estarmos vigilantes, para não identificarmos o amor de Deus com a afetividade, os sentimentos. É uma frequente confusão que provém do fato de que, nas línguas latinas, a palavra "amor" designa realidades muito diferentes. E, todavia, é a palavra "amor" que traduz melhor o que podemos entrever da natureza de Deus. Para qualificar esse amor, os autores do Novo Testamento empregam o termo *ágape* (amor de caridade), querem assim dizer que o amor de Deus não deve ser confundido com o sentimento. O amor de Deus é a fonte de todo amor; e é ele quem vai "transdinamizar"[13], purificar, orientar o amor humano, o qual vai guardar todas as suas características físicas, carnais, afetivas, sendo ao mesmo tempo chamado a viver o *ágape*. Não é por não se confundir com o amor humano que o amor de Deus é longínquo, abstrato. Esse amor divino envolve, acompanha, queima no interior de nosso coração, de nossa vida a cada instante. Todavia, é frequente não termos na verdade consciência desse fato. Despertemo-nos às constantes e múltiplas manifestações do amor de Deus em nossa vida, à sua presença operante em cada momento de nossa existência. Vivamos a gratidão em lugar das murmurações e das queixas. Penetremos na felicidade de ser, de existir.

---

[10] *Ibid.*, p. 26.
[11] *Ibid.*
[12] Jo 16,27.
[13] THÉVENOT, Xavier. Ensino oral.

II
OS OBSTÁCULOS

1. O medo de Deus

Não farás para ti ídolos, nem imagem alguma do que existe lá em cima, nos céus, ou cá embaixo, na terra, ou nas águas que estão debaixo da terra. Não te prostrarás diante desses deuses nem os servirás, porque eu sou o Senhor teu Deus.[1]

Eis uma das primeiras palavras da Bíblia. Não criarás um Deus à imagem de teu pai ou de tua mãe, de tal representante ou similar a tua Igreja, ou de qualquer responsável. Não és obrigado a ter para com teu Deus a relação de medo, de rejeição ou de fusão que podes ter tido com seres humanos. Pois Deus é o Absoluto. Geralmente isto é nossa primeira e fundamental idolatria. O ídolo em questão no Deuteronômio não é apenas a forma, a imagem exteriorizada, manifestada em sinais visíveis, mas também a representação mental que fazemos de Deus. *O mundo não te conheceu*[2], diz Jesus a seu Pai. Será que deixamos Deus revelar-se a nós? Será que alteramos a revelação e criamos um Deus à imagem do ser humano? Será que nos defendemos, que desconfiamos de Deus? A questão merece que a examinemos.

---
[1] Dt 5,8-9.
[2] Jo 17,25.

Como desejar viver em Deus, crendo ser ele o rival do ser humano, ao qual ameaça com sua onipotência? Pensamos que Deus vai alienar nossa identidade (não iremos mais existir, não teremos mais pensamento próprio, nem vontade, nem desejo; seremos devorados), nossa liberdade (ficaremos submetidos a um constrangimento insuportável), nossa vida (Deus não vai levar em conta os nossos limites; corremos o risco de sermos conduzidos a viver uma superação de nós mesmos que nos poderia esmagar). Com frequência, imaginamos que ele pune, acusa, condena, oprime; que é a fonte do mal, do sofrimento; que Deus quer a nossa morte e não a nossa vida.

Como criamos e reduzimos Deus à nossa imagem?

Uma grande parte de nossas dificuldades vem do fato de imaginarmos Deus a partir dos seres humanos com os quais tivemos nossos primeiros relacionamentos. Uma criança não pode fazer quase nada senão transpor para Deus a imagem que teve de seu pai, de sua mãe, de seus próximos, de seus primeiros educadores. Portanto, não nos damos conta de que nos fixamos sobre Deus ao contarmos com nossos pais.

Tu és o meu Filho bem-amado[3]. "Jesus percebeu essas palavras como sendo a verdade profunda de seu ser. A força que o sustenta, desse momento em diante, não é o amor de um homem por Deus, mas o próprio amor de Deus pelo homem, por todos os homens. Em Cristo, Deus aproximou-se de nós de uma maneira absolutamente nova e insuperável. Esta é a boa nova que Jesus tem a missão de anunciar."[4] Infelizmente, projetamos sobre esta palavra "Pai" o que conhecemos de nossos pais ou de nossas mães. É a criança ferida que reage,

---
[3] Mc 1,11.
[4] LECLERC, Éloi. *Le Royaume caché*. Paris, Desclée de Brouwer, 1987, p. 81.

que se revolta, acreditando que ninguém jamais será capaz de interessar-se por ela, porque não vale a pena. Essa criança não consegue imaginar como pode ser um relacionamento livre, vivo, caloroso e real com um pai ou com uma mãe. Ela instala-se na ideia de que este mundo, sendo-lhe totalmente estranho, não pode existir; e então se fecha ao dom.

Para alguns, o amor é perigoso. Aqueles que conheceram um amor fusional, possessivo, opressor, podem vivê-lo como uma ameaça.

Joel desconfia do amor. Se abrir a porta, será devorado: Deus vai invadir e possuir o único lugar que lhe pertence. Joel deverá separar a imagem de Deus daquela do pai ou da mãe que mal o amou; deverá rejeitar essa ideia falsa de que alguém pode roubar-lhe o ser[5].

Miguel pode ter tido um pai extremamente autoritário. Ele não sabe o que é a liberdade de um filho de Deus, não consegue situá-la: o menor ato de liberdade parece-lhe uma transgressão. Sente-se imediatamente culpável. Vive uma falsa submissão, numa concepção errônea da lei de Deus, a qual não interiorizou.

Ana conheceu somente um amor condicional: você será amada se corresponder ao que desejo, se preencher sua função de filha mais velha. Ela não pode imaginar ser amada gratuitamente por aquilo que é. Vive no temor de ser rejeitada, se não corresponder ao que o outro dela espera. Ana encontra-se na incapacidade de acolher o dom gratuito de Deus: pensa que deve merecer o amor.

---

[5] SIBONY, Daniel. "Pour une éthique de l'être", em *Les Trois Monothéismes*. Paris, Éd. du Seuil, 1992, p. 340.

A cura exigirá um retorno sobre o que foi vivido na relação parental ou fraterna, tomando-se consciência da maneira pela qual a ferida pode ter-se infectado. Só então será possível reconhecer que Deus é outra pessoa distinta de nossos pais, renunciar as nossas falsas ideias e deixar um espaço livre para o acolhimento da Palavra.

Muitas vezes construímos a imagem de Deus da qual necessitamos, seja para preencher nossa carência afetiva, seja para assegurar uma proteção mal situada. Seria fácil se Deus tomasse literalmente o lugar do pai ou da mãe que nos falta; se nos beneficiasse com um sentimento espiritual que nos compensaria a ternura que não tivemos; ou, então, se nos concedesse uma forma de amor que eliminasse todo o sofrimento, que nos tornasse invulneráveis, que nos poupasse de escolher, de correr riscos. Seria fácil se Deus nos curasse com um golpe certeiro e da forma que queremos.

"Deus, fonte do sofrimento e do mal?"[6]

Tornar Deus responsável pelo sofrimento e pelo mal faz parte de nossas noções errôneas, frequentemente divulgadas, às vezes inconscientes. O mal e o sofrimento existem. Atingem-nos e é inevitável interrogar. Não é raro pensar que Deus quer o sofrimento, o sacrifício de nossas vidas, a morte.

O mal possui duas formas: o sofrimento e o pecado. Deus não quer nem um nem outro; não está na origem de nenhuma das duas formas. O sofrimento e o mal fazem parte deste mundo marcado pela dor, pela transgressão. Sofrer é inerente à condição humana. Nossas penas podem vir de nós mesmos, dos outros ou do mundo; jamais de Deus. Fazem parte de nossos

---
[6] THÉVENOT, Xavier. *Souffrance, bonheur, éthique.* Mulhouse, Salvator, 1990, p. 31.

limites, podendo atingir o corpo, o psiquismo, a vida espiritual e social. Em nenhum caso, é necessário procurar a dor; mas, antes, proteger-nos do sofrimento inútil é não ser cúmplice de uma eventual destruição de nós mesmos. Jesus não teve conivência alguma com o sofrimento. Não o vemos jamais, em sua vida terrestre, enviar um sofrimento a quem quer que seja. "O sofrimento não é para ele um aliado, mas um adversário."[7] Cristo não deu explicação ao mal; não respondeu verdadeiramente a este "por quê?", com o qual todos nós nos indagamos. Contudo, mostrou-nos como viver o sofrimento, quando é inelutável. Ensinou-nos como a dor se torna uma etapa de maturidade, se assumida na graça e na presença de Deus, conduzindo-nos assim à vida, à Páscoa.

A cruz

Viver com base em falsas noções da cruz, da vontade de Deus, de expiação, de reparação acarretará desordens fundamentais em todos os planos. Quantos ainda pensam que Deus quis a morte de Jesus para pagar o preço de nosso pecado, adotando simplesmente a ideia inaceitável do sacrifício humano! A vontade de Deus, à qual Jesus aderiu com todo o seu ser, que se coaduna com o seu desejo mais essencial, não é a tortura e a execução sobre uma cruz, mas o cumprimento total da missão do Cristo, dentro de seu caminho de encarnação.

Em nenhum momento de sua vida, Jesus procurou o sofrimento. Vive o que tem de viver; anuncia o que tem de anunciar, sem atenuações. O amor, a luz derramam-se por onde passam, o Reino aproximou-se dos pequenos. Mas, mês a mês, a violência dos fariseus faz-se cada vez mais temível,

---
[7] *Ibid.*

suas mensagens chocam-se, com toda a força, com a violência de uma estrutura religiosa. Cristo foge o quanto possível da perseguição; porém, vai acabar por encontrar-se diante de um fato inelutável: um processo e uma condenação à morte. É um resultado que teria gostado muito de evitar, mas que se lhe defronta. Escolhe ir até ao fim de sua missão. Jesus não nega nada daquilo que tem a cumprir. Recusa-se a responder à violência com violência; o amor não pode permiti-lo. Fará brotar uma conscientização distinta, por outros meios. "Para o Cristo, obedecer ao Pai não é executar uma ordem, como vemos, em nosso mundo, um inferior fazê-lo em relação ao seu superior hierárquico. É forçoso não imaginar Deus Pai dizendo a seu Filho: 'Eu te ordeno sofrer e morrer com trinta e três anos'. Se isto fosse obediência, como estaríamos de acordo com os contestatários de toda espécie para recusá-la."[8]

Poder-se-ia dizer que "Deus Pai está do mesmo lado de Jesus"[9], contra a estupidez, a intolerância, o poder ambicioso e cego. Ele vai acompanhar seu Filho nas horas trágicas. A vontade de Deus vai manifestar-se na maneira pela qual Jesus vai viver este drama, e não no fato de que este acontecimento, em si mesmo, seja querido por Deus. Eis a obediência de Jesus: viver um fato que não vem de Deus, como um filho de Deus, um filho da luz, tão intimamente ligado a seu Pai interior quanto à primavera de sua missão, na Galileia: vai conhecer uma noite, um deserto, mas sua maneira de estar ligado ao Pai não se abrandará jamais.

Viver esse acontecimento como um filho de Deus não significa atravessar essa tragédia como um super-homem, livre dos limites humanos, das contingências terrestres. Vemo-lo comportar-se como um ser humano sensível, vulnerável, atin-

---

[8] VARILLON, François. *Joie de croire, joie de vivre.* Paris, Centurion, 1981, p. 75.
[9] PYRONNET, Joseph. Ensino oral.

gido. Viverá o sofrimento interior e físico; conhecerá a traição, a mentira, a solidão[10]. "Ele não se poupa do insólito, da perda das evidências, do desvario da sensibilidade. Não contorna seus questionamentos interiores."[11] Jesus queixa-se: *Meu Deus, meu Deus, por que me abandonaste?*[12] Porém, nunca deixa a revolta instalar-se nele, no curso dessa noite em Getsêmani. É confrontado com sua angústia, com sua solidão extrema; procura ajuda junto a seus amigos mais próximos, encontra-os adormecidos. Cristo vive um vaivém transtornante, uma oração solitária e uma necessidade de apoio[13]. Deseja, nesse instante, escapar dessa prova, que já havia aceitado por antecedência. Parece não ter mais nenhum sentimento da presença do Pai, coisa que até ali vivia tão naturalmente. Depois, compreende que deve enfrentar sozinho essa travessia. E, nesse momento, cessa de resistir, vive um salto na fé: *Não como eu quero, mas como tu queres*[14]. Vive esse acontecimento da maneira que Deus quer.

A partir daí, Jesus está totalmente unificado, podendo confrontar a prova com a força de Deus: *Levantai-vos! Vamos! Eis que o meu traidor está chegando*[15]. Jesus vai morrer como filho de Deus numa total atenção, muito pessoal àqueles que o cercam; inclusive a seus carrascos, pelos quais pede a Deus o perdão, estando centrado no amor e em seu Pai. Tudo nos mostra que no âmago do seu coração, na fé pura, nesse deserto interior, ele permanece unido ao Pai. Jesus não se submete, não é um resignado: Não vos enganeis, diz ele; minha vida *ninguém ma arrebata, mas eu a dou livremente*[16]. Cristo transforma em dom o que poderia ter permanecido como constrição insuportável,

---
[10] Lc 22,32-48.
[11] THÉVENOT, Xavier. *Compter sur Dieu*. Paris, Éd. du Cerf, 1992, p. 137-140.
[12] Mc 15,34.
[13] HÉTU, Jean-Luc. *Quelle foi?* Ottawa, Leméoc, 1978, p. 212-214.
[14] Mc 14,36.
[15] Mc 14,42.
[16] Jo 18,18 (tradução da Bíblia de Jerusalém).

fracasso e catástrofe. O acontecimento da Paixão deixa de ser absurdo. Da morte vai brotar uma semente de vida. Através disso, Jesus ensina-nos o meio de optar por viver, como um filho da luz, aquilo que em nenhuma hipótese teríamos desejado; aquilo que nos é imposto pelas circunstâncias[17]. Ensina-nos como carregar nossa cruz[18], em vez de suportá-la; como carregar nosso leito[19], em lugar de permanecermos deitados sobre ele; como não nos fechar numa situação. É-nos mostrado como dar sentido a um acontecimento sem sentido em si mesmo. Aprendemos, então, como nos situar de uma maneira nova na vida. Podemos encontrar um sentido global para nossa vida e, contudo, ser frequentemente confrontados com eventos que parecem um verdadeiro escândalo, que permanecem inexplicáveis, insólitos. Jesus ensina-nos a transformar o "buscar sentido" em "dar sentido", isto é, a "tornar-nos de novo o autor, embora não o senhor de nossa história"[20]. Cristo mostra-nos que a vida pode brotar de absolutamente tudo. Este é o sentido da Páscoa.

Da mesma forma, "afirmar que o Cristo nos resgata por suas chagas"[21], ou por seu sofrimento, é um atalho cheio de perigos; especialmente quanto ao "crer que é o sofrimento em si que resgata"[22]. O sofrimento por si só não é redentor. É o amor que redime. É a maneira pela qual vivemos um acontecimento que o vai transformar num sepulcro ou numa porta. Podemos viver um fato como filho de Deus ou como um órfão, um errante, um pobre infeliz. É por sua vida inteira que Jesus nos salva; seu nascimento; sua vida em Nazaré, no cotidiano; as alegrias

---

[17] Este breve estudo não pretende, em nenhum caso, tratar de forma exaustiva a teologia da salvação trazida por Cristo.
[18] Mt 16,24.
[19] Jo 5,8.
[20] THÉVENOT, Xavier. *Souffrance, bonheur, éthique*. Mulhouse, Salvator, 1990, p. 29.
[21] Is 53,5.
[22] THÉVENOT, Xavier. *Op. cit.*, p. 26.

e as dores de sua missão pública; sua condenação e morte; sua ressurreição. Cristo salva-nos pela maneira com que atravessou e assumiu sua existência, como Filho de Deus: a cada instante de sua vida, permaneceu presente ao amor do Pai, repleto do Espírito, aberto, amante, cheio de força e de vigor, até à morte.

"A senha espiritual 'oferece teus sofrimentos', que deve também sofrer uma clarificação."[23] Não temos de render graças, agradecer a Deus por uma infelicidade, uma doença, um luto cruel, coisas todas que não vêm de Deus. Contudo, através de um mal, podemos louvar a Deus, isto é, permanecer na certeza de que ele opera no coração mesmo da morte, que uma semente de vida vai brotar pouco a pouco, misteriosamente, que a vida vai franquear uma passagem, que uma Páscoa sobreviverá. Todas essas falsas noções do resgate, da expiação, podem conduzir-nos à nossa própria destruição. Elas são tanto mais perigosas quanto permanecem escondidas por trás de uma orientação que cremos espiritual.

A perversão da Palavra

A partir dessas falsas noções de Deus, pervertemos a Palavra, emprestando a Deus intenções de morte, chamando de mal o que é bem e de bem o que é mal[24]. A Palavra impele em direção à vida, mesmo se é exigente e vigorosa, se exige o abandono daquilo a que nos apegamos e que nos faz mal. Ela une, não divide. Se a Palavra nos orienta para certas separações necessárias, é por um amor mais reto, mais bem situado. Aclara nossas contradições. A

---
[23] *Ibid.*, p. 27.
[24] Is 5,20.

Palavra de Deus não seria capaz de conduzir-nos a uma morte psíquica, à destruição de nossa saúde, de nosso corpo. Foi por uma manipulação e uma perversão da Palavra apresentada por Satanás que Jesus foi tentado[25]; e é vigo-rosamente que Jesus reprova o comportamento dos fariseus neste plano.

Ai de ti, Jerusalém, que não te purificas![26]
Eis que hoje estou colocando diante de ti a vida e a felicidade, a morte e a desgraça (...). Se não ouvires (...), eu hoje vos declaro que certamente perecereis! Não prolongareis vossos dias sobre o solo em que, ao atravessar o Jordão, estás entrando para dele tomar posse. (...) Escolhe, pois, a vida, para que vivas com tua descendência (...)[27]. Pensamos que Deus maldiz, pune. Deus não pune; somos nós mesmos que atraímos nossa infelicidade. A Palavra adverte, alerta: se permanecemos no caos, na confusão, se ignorarmos as justas direções, tornar-nos-emos muito infelizes: o quão infelizes sereis se...

Se o grão de trigo que cai na terra não morrer, permanecerá só; mas se morrer, produzirá muito fruto[28]. Essa fórmula não é senão uma imagem poética. Através dela, Jesus remete-nos a uma lei essencial. Para ser fecundo, é necessário passar por uma forma de morte. O problema é que há uma confusão entre morte e destruição. Não sabemos para que morrer. Trata-se, aqui, de não se enganar quanto ao sentido de morte. Uma falsa interpretação da Palavra pode fazer morrer aquilo que deve viver em nós, deixando viver e prosperar o que, por sua vez, deve morrer e faz obstáculo à vida. "Jesus descreve e opõe duas dinâmicas de vida. Quando a vida coloca o ser humano em desequilíbrio, este pode reagir enrijecendo-se, fechando-se, recusando-se a ser atingido, negando sua experiência. Esta

---
[25] Lc 4,1-13.
[26] Jr 13,27.
[27] Dt 30,15-19.
[28] Jo 12,24.

maneira de reagir significa recusar a morte; significa querer permanecer só e estéril, segundo as próprias palavras de Jesus. Porém, diante dessa experiência que o coloca em desequilíbrio, o homem pode também consentir em morrer; isto é, abrir-se como o grão de trigo, que aceita entrar em comunhão com a terra que o recebe."[29] O caminho de evangelização de nossas profundezas é uma maneira de viver como o grão de trigo, que cai na terra e aceita perder seu invólucro. Trata-se de um modo de morrer para nós mesmos, para que a semente traga um fruto de vida.

Aquele que acha sua vida vai perdê-la, mas quem perde sua vida por causa de mim, vai achá-la[30]. Perder sua vida: estas palavras, mal compreendidas, podem levar a um caminho de morte. Quantos se proíbem de viver ou se lançam num ativismo desenfreado e devorador, sob o pretexto de que é bom perder sua vida, encontrando-se depois completamente secos? "Guardar sua vida é continuar a aferrolhar sua porta, permanecer em sua couraça, em sua fortaleza, numa obra construída por mãos humanas, recusando-se a ser atingido."[31] Perder sua vida é, primeiro, aceitar receber-se de Deus; consentir que a própria vida não seja definida tão-somente pelo próprio indivíduo. É aceitar colaborar com o Espírito, deixá-lo circular livremente em si mesmo. Trata-se de entrar nessa experiência com flexibilidade, a fim de tornar-se quem realmente se é; a fim de penetrar numa relação justa, num dom verdadeiro, para tornar-se servidor do Reino.

Se alguém me quiser seguir, negue-se a si mesmo, tome a sua cruz e me siga[32]. Carregar sua cruz é um ato eminentemente ativo, consciente. É o contrário da passividade, da resignação.

---

[29] HÉTU, Jean-Luc. *Quelle foi?* Ottawa, Leméoc, 1978, p. 269.
[30] Mt 10,39.
[31] HÉTU, Jean-Luc. *Op. cit.*, p. 268-269.
[32] Mt 16,24.

Não é inventar cruzes, falsos sacrifícios, tomar sobre si a cruz de outrem. É assumir totalmente o que se tem de viver. É atravessar com Cristo os perigos e as dores da vida.

Como sair dessas falsas noções de Deus?

Buscai e achareis; batei e será aberto, diz-nos Jesus; (...) quem busca, acha[33]. Devemos de início, sem nenhuma dúvida, parar para desempoeirar nossa fé, através do estudo de livros simples e claros de teologia, os quais nos vão ajudar a sair da névoa. Coloquemo-nos à escuta da Palavra, contemplemos a vida de Cristo com um novo olhar, um coração aberto, deixando o Espírito guiar-nos, ensinar-nos e introduzir-nos na revelação.

Obviamente é indispensável tomar uma consciência clara de nossas falsas noções de Deus, corrigindo-as, contemplan-do-as no Espírito; é imprescindível perceber a partir de quais feridas essas noções puderam surgir, conscientizando-nos desta distância que existe entre o que afirmamos crer e aquilo em que realmente cremos no fundo de nós mesmos[34]. Trata-se, então para muitos de nós, de um verdadeiro combate espiritual. *Conhecereis a verdade,* diz Jesus, *e a verdade vos libertará*[35].

2. O medo de nós mesmos

É normal que, como todo ser humano, tenhamos limites. Como Adão e Eva, caímos na armadilha de recusá-los[36]. Ama-

---

[33] Mt 7,7-8.
[34] GLARDON, Thérèse. ANDRÉ, Bernard. SCHWAB, Jean-Claude. Em diálogo com BÜRKI, Hans. *Le Temps pour vivre*. Presses bibliques universitaires, coll. "Espace", 1991, p. 28.
[35] Jo 8,32.
[36] Gn 3,1-24.

ríamos ser como Deus, amaríamos ser Deus. Esta tentação fundamental de recusa dos limites, que se encontra no coração do ser humano, foi superada por Jesus, quando passou seus quarenta dias de jejum no deserto[37]. É significativo que as tentações de Jesus digam respeito, precisamente, à aceitação dos limites do ser humano, à recusa da onipotência. Por medo de ver-nos tais como somos, escondemo-nos de nós mesmos, o que nos leva ao temor de sermos vistos: *tive medo porque estou nu e me escondi*, responde Adão ao Eterno, que lhe indaga: *Onde estás?*[38] (A pergunta de Deus refere-se não a um local geográfico, mas a um lugar dentro do ser: Onde estás em ti mesmo.) A aceitação dos próprios limites é uma conversão muito profunda, uma passagem essencial.

Conhecer-se

O homem e a mulher são criados à imagem e à semelhança de Deus. Esta verdade essencial, ontológica, é revelada desde as primeiras linhas da Bíblia[39]. A imagem de Deus está inscrita no fundo de cada ser humano. Esta é concedida e indelével. A semelhança com Deus é adquirida. É o fim e o sentido da vida do ser humano crescer em sua condição de filho e de filha de Deus, cada um em sua maneira específica, única.

Somos criados e, portanto, amados na carne e no espírito: na forma, no finito, no visível e no ser, no infinito, no invisível. Tendo sido criados na carne, somos confrontados com limites: tempo, espaço, pesos, hesitações, fracassos, erros, regressões, caídas e recaídas, diferenças sexuais...

---

[37] Lc 4,1-13.
[38] Gn 3,9-10.
[39] Gn 1,26.

Cada ser humano vai, por outro lado, chocar-se com seus limites pessoais, específicos, com sua forma de inteligência, com suas fragilidades, com seu passado, com sua família, com a realidade do outro e com sua diferença, que pode ser vivida como ameaça, como oposição ou como complementaridade; enfim, com a realidade das coisas.

Vamos viver de Deus, receber o Espírito. Contudo, tentando viver no Espírito, como não imaginar que iremos escapar à condição humana? Ora, não foi o que Cristo viveu. Ele nos mostra como viver como filhos e filhas de Deus, assumindo e integrando os limites do ser humano. É nossa dificuldade e, ao mesmo tempo, nossa normalidade. Ligados demais, tornamo-nos matéria. Crendo-nos apenas espírito, instalamo-nos numa forma de fuga ou de rebelião contra nossa própria condição. Num e noutro caso, não estamos sendo íntegros. Será necessário viver estes dois pólos, ajustando-os, unificando-os. É preciso viver o infinito dentro do finito, permitir ao Espírito habitar nossa carne. Eis o sentido da encarnação.

Que significa: reconhecer seus limites?

Não nos culpemos por termos limites. Pois, então, seria como procurar fazer-nos perdoar por termos sido criados como seres finitos. Procuremos de início discernir nossos limites; nomeemo-los. Apenas assim poderemos aceitá-los e assumi-los, integrando-os. Apaziguar-nos-emos e cessaremos de crer-nos indignos de sermos amados tais como somos. A partir desse momento nosso olhar mudará; compreenderemos que é normal viver oposições, crises, situações difíceis. Tendo menos medo de nós mesmos, do outro, de Deus, ter-nos-emos aproximado de nossa verdade, e isto nos libertará. Contudo, não se trata aqui de uma resignação, a qual é uma mortal passividade, contrária ao movimento espiritual. Falamos de um ato consciente, determinado, uma escolha que consistirá, em primeiro lugar, em abandonarmos nossas ilusões sobre nós mesmos, sobre os outros, sobre uma dada situação.

Renunciar a uma ilusão é um sofrimento, um verdadeiro dilacerar-se, um luto, um despojamento muito profundo. A primeira ilusão à qual é essencial renunciar consiste na imagem idealizada de nós mesmos, imagem que criamos, atrás da qual corremos, em vez de sermos verdadeiros. Imagem que não queremos, em nenhuma hipótese, perder. É difícil confrontar-se com as próprias imperfeições, erros, fracassos. É difícil ser simplesmente o que se é. Queremos ter ou ser aquilo que o outro tem ou é. Essa é uma concepção pagã de Deus: para sermos amados por ele, é forçoso sermos perfeitos, o que frequentemente traduzimos por ser sem falhas, sem limites. Muitas vezes, isto leva-nos ao perfeccionismo. A palavra de Jesus — *Portanto, deveis ser perfeitos como o vosso Pai celeste é perfeito*[40] — deve ser compreendida dentro de seu contexto, porque vem exatamente após o convite de Jesus: *Eu, porém, vos digo: amai os vossos inimigos e orai pelos que vos perseguem; desse modo vos tornareis filhos de vosso Pai celeste, porque ele faz nascer o seu sol igualmente sobre maus e bons e cair a chuva sobre justos e injustos*[41]. A perfeição, da qual Jesus fala, não consiste em ser sem limites, mas, como traduz S. Lucas, em amar nossos inimigos, fazer o bem, emprestar sem esperar o retorno; desta forma, seremos os filhos do Altíssimo[42].

Do mesmo modo perseguimos, frequentes vezes, o sonho da perfeição de nossa família, de nosso cônjuge, de nossa comunidade, recusando um mundo ferido, dilacerado, uma relação deteriorada, um amor imperfeito. O risco, então, é o de ficarmos

---

[40] Mt 5,48.
[41] Mt 5,44-45.
[42] Lc 6,35.

aprisionados pelo ideal que fixamos para nós. É um sonho de onipotência.

Aceitar seus limites significa aprender de Cristo como viver uma decepção, como recomeçar a caminhar após uma traição, um abandono, um grave fracasso, como viver uma fragilidade, uma deficiência. A decepção pode ser terrível, podendo tornar-nos amargos, frustrados, incapazes de restabelecer-nos na confiança. Contudo, pode também se tornar ocasião de um aprofundamento, de um amadurecimento. Aceitando que a decepção faça parte de nossa vida, podemos torná-la movimento, ocasião de criatividade. É o que viveram os discípulos de Emaús, após a morte de Jesus, ao reencontrarem a presença de Deus operando no coração de tudo que vive, e até no âmago da morte[43].

Para esclarecer, questionemo-nos sobre os limites que não aceitamos, sobre os lutos que não somos capazes de resolver viver, sobre as recusas dentro das quais nos fechamos. Desde que comecemos a tomar consciência de nossos limites, terminando por aceitá-los, será como se chegássemos ao porto.

Libertos de um grande peso, cessamos de atormentar-nos. Somos, enfim, felizes em encontrar a nós mesmos, em saber-nos amados dentro de nossos limites, em poder-nos colocar de novo a caminho, a partir do que somos e não do que sonhamos ser. Esta é a cura, a primeira conversão, o ato de humildade mais verdadeiro que possa existir.

A onipotência

A consequência normal e lógica da recusa de nossos limites é o comportamento de onipotência[44]. As formas que a fantasia de onipotência toma são extremamente insidiosas e, normal-

---

[43] Lc 24,13-35.
[44] Gn 3,1-24. THÉVENOT, Xavier. *Les Péchés, que peut-on dire?* Mulhouse, Salvator, 1983, p. 29-31.

mente, temos muita dificuldade em reconhecê-las. Quando nos envolvemos numa forma de onipotência, Deus está deslocado, assim como nós. Eis por que esta questão é central em nosso caminho de vida. É o relacionamento com Deus que é, de início, diretamente atingido. Mas as repercussões vão fazer-se sentir em seguida nos relacionamentos com os outros. Colocar Deus em seu lugar próprio e encontrar o nosso lugar traz um nome: humildade[45]. A conversão conduz-nos à humildade, que vem da palavra húmus, terra. Como a terra, recebemos tudo de Deus. Porém, temos muitas vezes concepções completamente falsas acerca da humildade. A humildade não consiste em tentar comparar o seu valor com o de outrem, a fim de encontrar-se inferior àquele, ou a fim de depreciar-se. Consiste, sim, em dar de novo a Deus a sua justa dimensão em nossa vida, sabendo que tudo vem dele, mas também que tudo pode acabar debalde, sem uma colaboração nossa com o Espírito.

Temos duas maneiras de ser onipotentes: passando-nos por Deus ou tomando-nos por Deus. É fácil compreender o que significa passar-se por Deus; mas o passar-se por Deus pode ser vivido de maneira muito mais ambígua. Esta armadilha pode camuflar-se atrás de uma aparência de perfeição, de uma ajuda trazida ao outro.

Passamo-nos por Deus essencialmente nos privando de seus dons. Às vezes, sob as tintas de uma falsa humildade, quando nos estimamos incapazes de sermos amados como somos, na condição em que estamos: "Sou indigno, como Deus poderia interessar-se por mim?" Quando nos arranjamos por nossa própria conta na existência, como que lançados no universo e abandonados à nossa própria sorte. Quando não reconhecemos, de todo, que somos literal e realmente filhos de Deus. Quando

---
[45] Mt 11,29.

não sabemos colaborar com o Espírito, nem viver da graça que nos é dada, ao termos necessidade de auxílio. Quando colocamos um ser humano, uma coisa, uma situação, no lugar de Deus. Ao pensarmos que jamais teremos saída. Ao vivermos o tudo ou o nada: como não podemos tudo, nada fazemos (já que podemos pouco). Ao nos tornarmos proprietários de nossa vida, de nossos dons, de nossos projetos, em vez de deixar-nos insuflar pelo Espírito, em vez de acolher-nos em Deus.

Tomamo-nos por Deus essencialmente não aceitando que alguma coisa nos escape; querendo dominar toda situação, todo ser humano. Quando recusamos ser confrontados com nossos limites, levar em conta carências, fragilidades, perturbações. Quando não aceitamos nem fracassos, nem erros; nem hesitações, nem retrocessos; nem quedas, nem recaídas. Ao perseguirmos a perfeição, no sentido de infalibilidade. Ao pensarmos ser donos da verdade. Ao recusarmos qualquer revisão acerca de um assunto.

A onipotência pode insinuar-se na nossa maneira de querer ajudar o outro. Por exemplo, ao exigirmos que ele mude, segundo nossos pontos de vista, tomando o caminho que nos parece bom. Ou então, ao buscarmos criar sua felicidade segundo nosso projeto, ao buscarmos evitar-lhe todo sofrimento, desejando cumular suas carências. Pode-se decerto viver a onipotência também no plano espiritual: quando tentamos manipular Deus, influenciá-lo por nossas reivindicações; quando tentamos manipular a Palavra, para fazê-la servir aos nossos interesses. Quando queimamos o plano de Deus, ligando-nos por pactos ou promessas, tomando um caminho que não nos pertence. Quando a mágica se introduz na nossa fé, ao colocarmos em curto-circuito as mediações (o trabalho, as ciências humanas, a medicina…). Enfim, encontramos a onipotência em todas as nossas formas de manipulação de grupo, de seres humanos…

Peçamos a graça de sermos alertados sobre o perigo dessa armadilha, tão frequente, do desejo da onipotência.

III
COMO ABRIR A PORTA?

Este movimento interior não é nem pedido, nem súplica. É uma resposta a um convite: é a nós que compete abrir.

1. Escutar e abrir

Escutar e abrir são dois atos precisos que vão exigir vigília, adesão e colaboração; atos que vamos viver no pedido e no acolhimento da graça. Escutar o convite é já uma graça; e através de seu próprio pedido, Cristo assegura-nos que se contamos com ele poderemos abrir-nos. Na realidade o Espírito já está em nós. É no interior que ele bate; nós só temos de simplesmente reconhecer esse fato, isto é, tomar consciência de que ele está lá, à espera.

Não entremos em nossas reflexões sem fim para saber como se vive esse ato de abertura, pois a fé descobre-se e desenvolve-se ao caminhar-se, passo a passo e não unicamente na racionalização. Se conhecemos mal o Espírito, podemos simplesmente pedir-lhe que se manifeste. Basta colocar-se a caminho, deixando-lhe uma oportunidade de exercer sua função. Em seguida, deixá-lo-emos agir livremente.

Abrir-se significa destrancar o que foi trancado a ferrolhos, retirar a pedra que bloqueia a entrada. Abrir-se é o contrário de dobrar-se sobre si mesmo, de proteger-se em excesso, de desejar resolver sozinho seus problemas ou de negá-los; enfim, é o contrário de permanecer ao largo. Consiste, na verdade, num pacto com a luz[1]. Trata-se de um movimento de vida, de endireitar o que está curvado, do começo da cura. Quando paramos de mortificar-nos com nossos problemas, deixamos neles penetrar a luz, o amor, um sopro vivificante. A abertura não é abandonar ou postergar um problema com o desejo inconfesso de desembaraçar-nos dele, de colocá-lo fora de nós. O que se busca aí é evitar o confronto, em vez de lançar fora nosso leito, de carregá-lo, é assumir a nossa realidade. Somos parte atuante neste trajeto, abramos a porta e entremos com Cristo no coração de nossos problemas, no interior de cada uma de nossas dimensões, agora envolvidas, sustentadas, fortificadas pela presença de Deus, que vai descer ao ponto preciso. Vamos aprender a acompanhar Jesus até ao fim de nossa dor, de nossa revolta, de nosso desejo de onipotência ou de nosso desânimo.

O Verbo se fez carne[2]. *Veio para o que era seu, mas os seus não o receberam*[3]. A presença de Deus não é estática; é essencialmente dinâmica, "eficaz, isto é, modifica necessariamente aquilo que atinge (…) e esta mudança é sempre no sentido de uma criação, de uma recriação, de uma cura"[4].

A fim de compreender o que produz em nós a presença de Deus, pensemos na "influência da pessoa amante sobre a amada. Tal influência é benfazeja, transfiguradora, reconfortante; dá-nos força, consolo, sustento"[5]. Abrir-se significa devolver nossas

---
[1] LAFRANCE, Jean. *Persévérants dans la prière*. Paris, Médiaspaul, 1962, p. 78.
[2] Jo 1,14.
[3] Jo 1,11.
[4] Artigo do THÉRIEN, Pe. Vincent: *"Nous avons vu la gloire de Dieu"*.
[5] *Ibid.*

chaves a Cristo, desapossar-nos de nossas preciosas chaves, as chaves de nosso consciente e de nosso inconsciente. Trata-se das chaves de todas as nossas portas, daquelas que fechamos, talvez sem o saber. As chaves de todas as zonas do nosso ser, as luminosas e as tenebrosas, as de doce perfume e as de mau odor. Abramos nossas feridas e nossas lembranças traumatizantes. Deixemos Deus entrar em nossos vácuos, em nossa possível ausência de lembranças.

Se alguém abrir (...), entrarei (...)[6]. Desde o início sabemos que somos respeitados: o Cristo jamais forçará a porta; ele espera a resposta. Quando a resistência cessar, entrará..., mas continua a bater. Não corremos nenhum risco. É ele o pastor que vem à busca de suas ovelhas e que vela por elas, especialmente por aquelas que foram tratadas com violência e dureza, que erram por todos os lados, sem que ninguém as procure, sem que ninguém delas se ocupe[7]. Se nosso desejo é claro, se nossa escolha repousa em nosso coração profundo, em nossa vontade profunda, Cristo entrará pelas portas fechadas[8]; a pedra será retirada[9]. O Eterno diz a Ciro: *Eu mesmo irei na tua frente (...), arrebentarei as portas de bronze e despedaçarei as barras de ferro*[10]. Nenhuma situação é irremediavelmente fixada; tudo lhe é possível.

Às vezes, só conseguimos esboçar o movimento de abertura, entreabrir a porta. Pouco importa, o essencial é dar o passo. Uma simples brecha será o ponto de partida de um retorno: "Eu não posso tudo, mas o pouco que sou capaz de viver coloco a caminho". Se descobrimos uma resistência selvagem sobre um ponto preciso: "tudo se pode abrir, menos esse tal lugar", questionemo-nos. Que protegemos dessa maneira e por quê?

---
[6] Ap 3,20.
[7] Ez 34,1-16.
[8] Jo 20,19.
[9] Jo 11,39.
[10] Is 45,2.

Tomemos tempo em permanecer nesse lugar específico. Pode ser que recusemos totalmente a abertura. Peçamos, então, ao Espírito Santo que nos ilumine sobre os motivos dessa rejeição. Se nosso coração é humilde e dócil, sem nenhuma dúvida a causa de nosso trancamento será descoberto.

Verônica participa de uma sessão de cura e experimenta um medo intenso, um verdadeiro pânico, desde que ouve falar dessa abertura a Deus: toma consciência de que não pode, assim como não quer, viver essa etapa. Verônica tem uma vida toda de entrega, de acolhimento, de escuta dos outros. Mas nota que possui em si uma espécie de impossibilidade de abrir-se ao outro: dá, mas nunca pede nem recebe. Durante um colóquio de acompanhamento, percebe que aos sete anos fechou sua porta de maneira tal que, para ela, se tornou irrevogável e definitiva. Diante dos pais devoradores e possessivos, tomou esta decisão raivosa: "Vocês não me possuirão"; e isto evidentemente levou a "ninguém me terá, nem Deus". Ela compreendeu porque não podia abrir a porta. Pôde reencontrar este canto escondido de sua história, achando uma outra saída, distinta daquela anteriormente tomada. Foi-lhe, então, possível abrir Àquele que batia, a quem servia há tanto tempo, sem, contudo, poder dar-lhe verdadeiramente o coração.

Na graça de Deus, cada um pode dar um passo, na sua medida, no seu ritmo; e é este passo que Cristo nos convida a fazer. Realizemos aquilo a que todo ser humano é chamado: deixar a presença de Deus habitá-lo, permitir ao Espírito inspirá-lo, fecundá-lo, curar sua natureza humana, a fim de que Aquele a quem pertence a terra e tudo que ela contém não esteja ausente a nada[11].

---

[11] Sl 23,1.

2. Algumas referências na estrada[12]

O Espírito

Quando vier o Espírito da verdade, *ele nos conduzirá à verdade plena*[13]. O Espírito de que falamos, que nos acompanha, que nos conduz neste caminho, é o Espírito que viveu em Jesus Cristo, o Espírito prometido por Jesus no momento de sua partida. Não vemos mais Jesus na carne; mas ele anuncia que não nos deixará órfãos[14] e, por sua prece, o Pai *nos dará outro Paráclito, para que conosco permaneça para sempre, o Espírito da verdade*[15]. O Cristo vive em nós misteriosamente pelo Espírito[16], e é necessário que permaneçamos despertos a esta realidade espiritual. *Não acrediteis em qualquer espírito, mas examinai os espíritos para ver se são de Deus, pois muitos falsos profetas vieram ao mundo. Nisto reconheceis o espírito de Deus: todo espírito que confessa que Jesus Cristo veio na carne é de Deus*[17].

"O Espírito é o Deus secreto, o Deus interior, mais profundo que o mais profundo de nós[18]." Eis essencialmente a função do Espírito Santo, que nos foi dada pelo Pai: ajudar-nos a fazer este trajeto, este mergulho real, tanto nas sombras como nas zonas de luz, até ao centro de nós mesmos. O Espírito cuidará de nós, mas sob a condição de que o desejemos, de que o chamemos, de que o reconheçamos, de que o acolhamos, de que lhe permitamos exercer sua função. É essencial aprender a ter para com ele "uma justa colaboração"[19].

---

[12] Sobre Deus Pai, vide p. 7-8.
[13] Jo 16,13.
[14] Jo 14,18.
[15] Jo 14,16-17.
[16] *Ibid.*
[17] 1Jo 4,1-2.
[18] CLÉMENT, Olivier. *Athanase d'Alexandrie, sources.* Paris, Stock, 1986, p. 68.
[19] PAYNE, Leanne. *Vivre la présence de Dieu.* Suísse, Éd. Raphaël, 1980.

Viver no Espírito e pelo Espírito até ao mais profundo de nosso ser é uma experiência que dependerá de nós, pois ele está sempre pronto a operar. Infelizmente, a passividade provocada pela ignorância, pela inércia ou pela desatenção está sempre à espreita. O primeiro ato a ser encaminhado é um movimento de confiança total à sabedoria, à força do Espírito: abandonar a forma esperada de cura, parar de fixar-se sobre uma dada expectativa e dar-lhe pleno assentimento para que opere livremente.

Jesus, o Cristo

Ele está no coração de nosso trajeto. É por ele, com ele, nele que caminhamos. Jesus é o caminho, a verdade e a vida[20]. É o verdadeiro Filho, o é por natureza, é o único ser humano que ao mesmo tempo é de natureza humana e de natureza divina. Jesus nasceu. Entrou na carne, encarnou-se[21]. O evento de sua encarnação é fundamental; é "o fruto de uma longa história, de uma longa maturação carnal, terrena"[22]. O pecado do homem transformou-a em redenção trágica; contudo, permanece antes de tudo a realização do desígnio original de Deus, "a grande síntese em Cristo do divino, do humano, do cósmico"[23].

A natividade de Jesus é fonte de salvação, de recriação secreta, de reintegração. Por ele, nossa humanidade pode ser habitada pelo Espírito, vivificada até as suas profundezas. É "a Páscoa, a passagem da criação para o Reino da vida"[24]. "O Verbo fez-se portador da carne, para que os homens pudessem tornar-se portadores do Espírito."[25] E nós, por ele, pela adoção,

---

[20] Jo 14,6.
[21] Lc 2 e Jo 1,1-14.
[22] CLÉMENT, Olivier. *Op. cit.*, p. 39.
[23] *Ibid.*, p. 38.
[24] *Ibid.*, p. 43.
[25] *Ibid.*, p. 53.

podemos tornar-nos filhos e filhas de Deus. É pelo Espírito que somos transformados em filhos e filhas, mas fica claro que tal se dá no Cristo[26]: *Quem me viu, viu o Pai*[27]. Jesus morreu, assassinado; ele, o inocente, o amor vivo, a luz do mundo. Sua vida terminou por uma crucifixão, porque foi solidário com a humanidade: "Tomou sobre si todo o ódio, toda a revolta, toda a derrisão, todo o desespero"[28]. Jesus transforma esse assassinato em dom, em oferenda de sua vida; perdoa a todos, àqueles que o traíram, que o abandonaram, até mesmo aos seus carrascos.

"Doravante para o homem, não se trata mais de temer o julgamento ou de merecer a salvação, mas de acolher o amor, na confiança e na humildade."[29] Jesus ressuscitou: "a vitória sobre a morte é a vitória sobre a morte biológica, transformada em passagem num grande dinamismo de ressurreição"[30]. É também "vitória sobre a morte espiritual", sobre todas as mortes interiores, "nas quais, abandonados a nós mesmos, correríamos o risco de trancar-nos para sempre"[31]. Jesus tem um papel único, específico, central no trajeto de restauração do ser humano, sendo uma testemunha: a salvação, a libertação, o retorno passam por ele.

O coração profundo

Os hebreus consideram o coração como o interior do homem, num sentido muito mais lato que o das línguas latinas, no qual o coração evoca a vida afetiva. Na antropologia concreta e

---

[26] *Ibid.*, p. 68. A expressão "tornar-se filhos e filhas de Deus", muitas vezes empregada neste livro, deve ser claramente entendida neste sentido (vide Rm 8,15).
[27] Jo 14,9.
[28] CLÉMENT, Olivier. *Op. cit.*, p. 43.
[29] *Ibid.*, p. 47.
[30] *Ibid.*, p. 48.
[31] *Ibid.*

global da Bíblia, o coração do homem é a própria fonte de sua personalidade consciente, inteligente e livre. É o lugar de suas escolhas decisivas, da lei não escrita[32] e da ação misteriosa de Deus. Nos dois Testamentos, o coração é o lugar onde o homem encontra Deus; encontro que se torna plenamente efetivo no coração humano de Filho de Deus[33].

Muitos assimilam o espírito do ser humano ao pensamento, às noções do gênio, do "ser espirituoso". É o motivo pelo qual adotaremos a expressão "coração profundo", para falar do centro de nosso ser. Toda a Escritura e toda a mensagem do Cristo ensinam sobre o coração, interpelam acerca desta tarefa fundamental, essencial: *Entra no teu quarto mais secreto*[34]. Poderíamos traduzir: "Entra neste lugar secreto, conhecido apenas por ti, onde estás seguro de seres tu mesmo e de seres reconhecido na verdade. É aí que começará para ti o encontro com Deus"[35]. *Caiu então em si e refletiu: (...) irei a meu Pai*[36]. Certos autores espirituais chamam este lugar de centro, de extremidade da alma; outros simplesmente de coração. São Bruno e São Francisco de Sales chamam-no de coração profundo; Teresa d'Ávila situa-o na última morada interior. Xavier Thévenot define-o como "o centro existencial que permite à pessoa orientar-se como um todo e plenamente em direção a Deus e ao bem". André Louf fala como de "um âmago ontológico donde jorramos constantemente da mão criadora de Deus e donde refluímos para ele"[37].

O coração profundo não é nem a emoção, nem a afetividade, nem o sentimento. Não é a psique, o intelecto ou a razão. Situa-se num outro nível de profundidade. O coração profundo

---

[32] Rm 2,15.
[33] Vide *Vocabulaire de théologie biblique*. Paris, Éd. du Cerf, 1991, p. 176.
[34] Mt 6,6.
[35] LAPLACE, Jean. *La Prière*. Paris, Centurion, 1974, p. 33.
[36] Lc 15,17-18.
[37] LOUF, André. *Seigneur, apprends-nous à prier*. Bruxelles, Lumen Vitae, 1990, p. 28.

pode estar desprezado, adormecido, fechado, mas não pode morrer. Encontrar-lhe o caminho é um ato interior simples, um ato de reconhecimento, de tomada de consciência. Busque, cave o seu campo e encontrará o tesouro escondido.

Se encontramos o caminho de nosso coração, se ele é realmente a morada de Cristo, se vivemos a partir desse centro, será fácil abordar sem medo os redemoinhos de nossa psique, os cantos sombrios de nossa história. Saberemos descer até ao fundo de nossas emoções sem nos deixar engolir, saberemos introduzir a presença de Deus nos menores atos de nosso dia-a--dia. Eis a razão pela qual iremos tomar tempo para encontrá-lo. É no coração que vamos viver a adoração, a prece. O coração profundo é-nos dado para que entremos em comunicação com Deus, para que compreendamos as coisas do Reino, para retirarmos a água da vida direto da fonte. Ele, então, deve ser alimentado, fortificado por Deus. Aprende assim a reconhecer os movimentos do Espírito, a distingui-los daqueles que vêm de nossa psique ou de nosso corpo, a decodificar as indicações, as informações que vêm do interior, a deixar-se inspirar pelo Espírito, a colaborar com ele. O coração é gerado, sustentado, alimentado pelo amor de Deus que o irriga, que o restaura; vai fundar-se, enraizar-se no amor vivo de Cristo que está nele[38]. Se sabemos viver a partir do coração renovado pelo amor, o menor de nossos relacionamentos terá uma qualidade muito especial, será transformado, "transdinamizado"[39]. Eis o lugar onde podemos estar em segurança, profundamente repousados.

---

[38] Ef 3,17.
[39] THÉVENOT, Xavier. Ensino oral.

A função do coração profundo

O coração não pode cumprir sua tarefa se não está aberto e entregue a Deus, se não vive da mesma vida do Cristo. Desse modo, através da oração, vai "iluminar do interior"[40] a psique, todas as nossas faculdades, que podem assim reatar-se à sua fonte. Elas podem agora "apoiar-se sobre um coração (…) que encontrou toda a sua profundidade"[41]; daí por diante serão fecundadas, fortificadas, reordenadas pela própria vida de Deus. É como um fluxo de vida que é liberado, que vai espalhar-se por todo o ser. A renovação que o coração vive será transmitida a todo o organismo, atingindo nosso mundo exterior.

Contudo, muito frequentemente, ainda que estejamos fundados em nosso coração, ainda que vivamos uma verdadeira vida de piedade, não sabemos como deixar que se relacionem nosso coração e o resto de nosso organismo. A psique vive de seu lado, o coração, do seu. Vivem separados. Há uma dissociação. Quando obedecemos a nosso pequeno e frágil "eu", enfermo e dependente, tíbio e instalado na cobiça do ser ou do ter, a psique não é dócil ao Espírito, é ela quem domina o coração.

Na Bíblia, Caim é o símbolo do ser humano que se deixa dominar pela psique, que não escuta a voz de Deus em seu coração[42]. Caim tem um irmão caçula, Abel. São os primeiros descendentes de Adão e Eva. Ambos fazem uma oferenda a Deus. O Senhor volta seu olhar a Abel e à sua oferenda, mas desvia-o de Caim e de sua oblação[43]. Caim enche-se de sofrimento e de revolta; excita-se nele a cólera. Em seu coração profundo, Deus interpela-o: *Por que estás irado? E por que o teu semblante está abatido? Se praticares o bem, sem dúvida alguma poderás reabilitar-te. Mas se procederes mal, o pecado estará à tua*

---

[40] LOUF, André. *Au gré de as grâce*. Paris, Desclée de Brouwer, 1989, p. 195.
[41] *Ibid.*, p. 196.
[42] Gn 4,1-16.
[43] Gn 4,3-5.

porta, espreitando-te; mas tu deverás dominá-lo[44]. Contudo, Caim não dá tempo ao silêncio, à escuta. Não dá importância alguma à interpelação do Espírito dentro de si. Obedece apenas aos movimentos de sua psique. Lança-se sobre seu irmão e mata-o. Caiu na obscuridade, enquanto o acontecimento poderia ter sido o ponto de partida para uma purificação, uma conversão, uma ressurreição, após uma morte interior. A história de Caim mostra-nos como o coração pode obscurecer-se, encher-se de trevas. Se não é mais alimentado por Deus, sê-lo-á pela psique. Torna-se então parasitado, múltiplo, dividido; perde o sentido, não preenche mais sua tarefa; seus atos não são mais inspirados pelo Espírito. Não tem mais o Reino como finalidade.

A graça

A graça é dom de Deus. As palavras hebraicas e gregas empregadas para definir a graça significam, ao mesmo tempo, a fonte de Deus (Deus doa-se) e os efeitos desse dom em nós. Ela age. É a expressão, a manifestação da presença de Deus no meio de seu povo. A graça é totalmente gratuita, mas tem um fim: que preenchamos a nossa condição de filhos e de filhas de Deus. É a maneira pela qual Deus vai ajudar seu povo a tornar-se um povo de filhos e filhas. Gratuidade não quer dizer passividade, inércia. Sendo o fim da graça renovar, transformar, será necessário colaborar com ela, responder-lhe, participar de sua obra.

A graça nos precede. Deus tem sempre a iniciativa: "O esforço do ser humano é resposta a uma graça já oferecida"[45]. Engajamo-nos neste caminho de conversão, porque para ele somos chamados, convidados, esperados. A graça está presente e viva a cada passo, a cada dia de nossa vida. É-nos dada em

---
[44] Gn 4,6-7.
[45] THÉVENOT, Xavier. Comunicação pessoal.

abundância, individualmente. Não estamos mais sós, abandonados às nossas próprias forças. *O Senhor ia adiante deles: de dia, numa coluna de nuvens para guiá-los no caminho; de noite, numa coluna de fogo para alumiá-los; de sorte que podiam marchar de dia e de noite*[46]. A coluna de fogo nunca faltava. É um erro frequente e grave crer que há um tempo no qual operamos, contando unicamente com nossas forças e com nossas competências; da mesma forma, crer que há um tempo no qual a graça de Deus vai poder atingir-nos, porque preparamos o terreno. A graça opera tanto para inspirar o início do caminho como para acompanhar cada passo, qualquer que seja.

Viver da graça não é algo que vem do nada. É um novo modo de vida que vai exigir uma determinação precisa, profundamente fundamentada, uma escolha. É a própria graça de Deus que inspira essa escolha. É essencial aprender a pedir a graça e, sobretudo, a reconhecê-la e a acolhê-la quando nos é dada. Vigiaremos, então, cotidianamente a fim de deixarmos as nossas velhas roupagens da dúvida, da impotência, da instabilidade e de cessarmos de comportar-nos como se estivéssemos sós, de debater-nos contra nossos problemas. Estabelecemo-nos na certeza de que seremos ajudados, fortificados pela graça, de que podemos contar com ela. A graça jamais faltará, mesmo se nos perdemos no deserto ou somos detidos pelo Mar Vermelho[47].

Se lhe fixamos a forma de maneira precisa, como Naamã, o leproso[48], corremos o risco de deixá-la fragmentada. Se esperamos conseguir exatamente o que desejamos, podemos não reconhecer a passagem interior que o Espírito nos convida a viver.

A graça sempre responde à necessidade pessoal e particular de cada um. Jesus Cristo é a graça suprema. Por ele a graça nos é dada. Vivamos este trajeto banhados, acompanhados, fortificados, sustentados, alimentados pela graça de Deus.

---

[46] Êx 13,21.
[47] Êx 14,5-31.
[48] 2Rs 5,1-15.

Segunda parte

FERIDAS

I
QUE FIZEMOS DE NOSSAS FERIDAS?

Agora que já temos um pouco menos de medo de Deus, que começamos a familiarizar-nos mais com nosso próprio ser, vamos à luz do Espírito perguntarmo-nos como a desordem pode instalar-se. Ninguém é responsável por suas próprias feridas. Começamos por ser vítimas. Mas que fizemos a respeito daquilo que nos aconteceu?

O primeiro passo é nomear "aquilo que nos causou dor"[1], e particularmente todas as desordens que tomamos por amor, que terão uma influência considerável sobre a maneira pela qual somos estruturados, pela qual vivemos o relacionamento com nosso "eu", com Deus, com o outro. Um excesso de amor mal situado vai ser tão destrutivo quanto a carência ou a perda do amor. Para crescer em sua própria identidade, uma criança precisa de um amor que seja real, caloroso, terno, misericordioso, mas também de um amor bem situado, dentro de uma justa distância, que reconhece o outro pelo que ele é e pelo que pode vir a ser.

Tomemos, em seguida, consciência de que forçosamente reagimos à ferida, vivemo-la de determinado modo, e é indis-

---

[1] Basset, Lytta. *Le pardon originel*. Genève, Labor et Fides, 1995, p. 245-249.

pensável perguntarmo-nos se nosso comportamento foi o de um filho de Deus, guiado pelo Espírito.

As feridas podem ser vividas de três maneiras diferentes: sã, fazendo-nos crescer; dissimulada, permanecendo ativas à nossa revelia e perturbando nosso comportamento; infectada, engajando-nos numa direção ruim. O propósito aqui não é o de tratar as feridas sadias, aquelas cujas dores não foram escamoteadas. Estas foram realmente vividas na luz do Espírito.

1. As feridas dissimuladas

Algumas pessoas não possuem consciência alguma do sofrimento intenso de que padeceram, da revolta, do ódio ou do medo que se introduziram nelas por causa das feridas vividas na infância. Contudo, as feridas não desapareceram, pois estão comprimidas por um tampão. São eminentemente ativas e serão manifestadas por meios obtusos, cuja origem não é localizável, arruinando os relacionamentos. O caminho da cura consistirá em reconhecer essas grandes emoções, esclarecer quais as feridas que lhe deram origem e aprender a vivê-las com Cristo, de uma maneira correta.

Reconhecê-las

Reconhecer não significa de modo necessário reviver emocionalmente a ferida, nem decerto agir contra o outro. Significa na verdade que nomeamos, que verbalizamos uma imensa dor, bem como os sentimentos de revolta, de medo, de ciúme que podem esconder-se em nós. Sempre no Espírito, deixemos emergir à luz os eventos importantes de nossa vida, apagados por serem demasiado duros de viver. Não ajamos como se não existissem. Não minimizemos essas feridas, sob o pretexto de que é passado ou de que há pessoas mais infelizes. Não se trata de mortificar-se no sofrimento ou na revolta, mas de viver na graça de Deus o morrer e o ressurgir.

Temos muitas reticências no tocante a encararmos nossas emoções. Muito frequentemente nos culpamos por sofrer; não temos a medida exata da importância vital de assumir, até o fim e em Cristo, as dores da vida, as tristezas de toda a espécie que demarcam nossa existência. É normal viver uma depressão após um acontecimento traumático, doloroso. Tal momento é necessário a nossa reestruturação.

Esse trajeto pode levar meses ou anos. É essencial aceitar vivê-lo lentamente, passar talvez pela revolta ou por uma forma de solidão habitada pela Presença de Deus. Vigiemos, para não cairmos numa queda de braço espiritual que suprimiria a dor. Permaneçamos pacientes conosco e deixemo-nos banhar pela misericórdia, que pouco a pouco vai reerguer-nos.

Um sofrimento evitado corre o risco de manifestar-se por estados depressivos latentes, uma tristeza existencial, um sentimento de amargura, de revolta. Como toda emoção escondida e não reconhecida, pode afetar o corpo e manifestar-se sob forma de doenças psicossomáticas.

Este mesmo sentimento de culpabilidade traz em si o risco de barrar a conscientização da violência que existe em nós. Temos de saber que a violência é a agressividade que "ultrapassa as medidas"[2], que é "desregrada". Contudo, é preciso também saber que a agressividade é uma energia fundamental do ser humano, que é indispensável à vida. Não devemos extingui-la, mas reorientá-la.

---

[2] BRUGUÈS, Jean-Louis. *Dictionnaire de morale catholique*. Chambray, CLD, 1991, p. 454.

O primeiro passo a dar é permitir-nos reconhecer a nós mesmos como violentos; admitir que podemos ter em nós uma cólera escondida, uma raiva contida. Podemos, então, abrir à luz do Espírito as raízes dessa violência e as formas sutilíssimas que a agressividade pode ter assumido ao longo do tempo: cobiça, afetividade desordenada, possessividade, chantagem... A violência contra o outro, a qual não reconhecemos, ameaça voltar-se contra nós mesmos e destruir-nos de uma maneira ou de outra.

De fato, temos medo: medo de encontrar o sofrimento, medo de ver a violência que reprimimos, medo de revelar sentimentos profundamente escondidos. A luz virá do amor: pode despertar o que está incubado, permanecendo, porém, doce e misericordiosa. A maior parte do tempo, para exprimirmo-nos sobre acontecimentos que tentamos esquecer, é necessário sermos acompanhados por alguém que seja capaz de escutar até o fim; alguém que permita vir à luz todas as zonas escuras de nossa alma e de nosso corpo. Dizemos a nós mesmos que o pior passou, que já foi vivido; que esta provação solitária terminou e que a solução já está presente. É assim que uma passagem de nossas vidas é muitas vezes resumida ou ocultada. Pensamos que basta exprimir em algumas frases neutras todo um período de nossa história, enquanto seria indispensável deter-se nela longamente.

É falso acreditar que reconhecer nossas emoções vá conduzir-nos a julgar, a acusar nossos pais (ou os outros). Distingamos discernir um ato, um comportamento, de condenar uma pessoa. É nossa responsabilidade discernir se o comportamento do outro vem ou não do Espírito, se é conforme ou não às leis fundamentais da vida. É possível respeitar plenamente seus pais, reconhecendo as falhas de seu comportamento, nomeando o que nos feriu. Estas duas atitudes não são de modo algum incompatíveis. Eis a confusão que muitas vezes está na origem de nossa impossibilidade de nos queixarmos: "Isto é passado, já acabou; por que voltar a ele? Afinal de contas, não fui tão infeliz assim... Minha mãe... meu pai... eram, apesar de tudo, bons".

Às vezes, mesmo se não claramente, Deus é o alvo de nossas queixas, embora não ousemos admitir. Contudo, Jesus, morrendo, exprimiu sua queixa, que jamais se tratou de revolta[3]. Ele foi totalmente verdadeiro em sua relação de filho. E por ter Jesus realmente atravessado a morte, o abandono, a solidão; por ter sentido o peso da violência dos homens, por ter bebido este cálice[4], é que um germe de vida pôde brotar do próprio âmago do mal.

Descer ao fundo de nossas emoções

Peçamos a Cristo que penetre em nossas emoções, que aí se estabeleça e opere. Viveremos uma experiência nova. Deus estará presente. Poderemos assumir, viver estes grandes movimentos íntimos; eles não vão mais engolir-nos, desesperar-nos, submergir-nos. *Se tiverdes de atravessar a água, estarei contigo. E os rios não te submergirão; se caminhares pelo fogo, não te queimarás, e a chama não te consumirá*[5]. *Fica tranquilo, pois estou contigo*[6]. Neste momento, estamos um pouco como nos dias que separaram a morte de Jesus do dia de Páscoa. Naquele período no qual desceu aos infernos. Jesus vai misteriosamente operar no coração de nosso mal. Estejamos lá com ele.

Há um mundo de distância entre apagar, anestesiar, enterrar ou viver sozinho suas emoções e vivenciá-las até o fim, na presença de Deus. Este duplo movimento é a condição para que as forças de morte sejam reorientadas para a vida. Vivamos realmente esta etapa, não a abreviemos.

---

[3] Mc 15,34.
[4] Mc 10,38-39.
[5] Is 43,2.
[6] Is 43,5.

O sofrimento pode continuar, mas não vai mais destruir-nos, será vivido na paz; a violência transformar-se-á em força criadora, a agressividade encontrará seu lugar, o medo vai diluir-se pouco a pouco em confiança.

2. As feridas infectadas

Como uma ferida se infecta?

É frequente tomar atalhos para sofrer menos. As feridas então se infectam. Carregam em si germes de destruição.

Muitos ignoram que, a maior parte do tempo, tais feridas não se resumem às reações ocasionais, acidentais, das quais não teríamos de ocupar-nos, dado que essas são passado. Resultam, na verdade, de autênticas orientações que nos conduziram à morte e deterioraram nossa identidade, nossa liberdade. A ferida infecta-se, sendo que tomamos o que se chama de falsos caminhos. A infecção de uma ferida desagrega áreas inteiras de nosso ser, um pouco como um abscesso que não é rompido. Algo não vai bem; mas somos incapazes de saber o que acontece, de situar as raízes do problema. Temos acesso, apenas, aos sintomas de nosso mal.

Partes inteiras de nosso ser vão-se assim embora *para uma terra distante*[7], como o caçula da parábola do filho pródigo. Lá, vivem como ovelhas desgarradas e errantes[8]. Desligaram-se de Deus, de sua fonte. Não são mais alimentadas pelo Espírito, nem dóceis a ele: encaminham-se para a morte. É a palavra de Deus que nos vai esclarecer sobre a orientação a se tomar.

---

[7] Lc 15,13.
[8] Jr 50,6; Mt 18,12; Sl 118,176.

É a graça que nos permite empreender a jornada de retorno e a mudança de direção. Para podermos deixar o caminho de morte que tomamos, vamos nomeá-lo e dizer quando, como e por que nos comprometemos com ele.

Muitos se detêm neste momento do trajeto, pois não sabem o que fazer daquilo de que tomam consciência. Ignoram como encontrar a dimensão espiritual no cerne de sua realidade; como reatar sua vida de fé, de oração, bem como a presença viva do Cristo em si e a verdade de sua psique, que começam a entrever. Todavia, o processo é simples: consiste em mudar de direção.

É a palavra de Deus que nos ilumina acerca da orientação a se tomar, que nos ensina como poderíamos ter vivido as feridas, de modo que produzissem frutos de vida, em vez de tê-las evitado. A graça é que nos permite tomar o caminho de volta. Comecemos por renunciar a este caminho de morte, por nós reconhecido. Demos, em seguida, um passo no caminho da vida, que podemos construir hoje.

Deixar o caminho de morte e escolher o caminho da vida são atos específicos, conscientes, vigorosos e frequentes ocasiões de verdadeiros combates espirituais. Tais atos são vividos no coração profundo, num movimento preciso: na oração. Constrói-se, então, uma referência, uma segurança a ser guardada. Esse processo tocará o lugar da infecção da ferida e, graças a isto, uma semente de vida será plantada. Embora tal semente se desenvolva a longo prazo, este primeiro movimento é essencial. Algo produziu-se em nossa vida, encontramos a direção, o sentido.

Sabemos dessa maneira a que devemos renunciar e então, na graça de Deus, estamos prontos a abandoná-lo e a retomar uma direção de vida.

Mônica consola sem trégua a uns e outros com uma constância tal, que termina por irritar os que a circundam. Toma, então, consciência de que efetivamente há algo de excessivo nesta função de consoladora. Abre sua história ao Espírito, para tentar ver donde vem esse comportamento. É-lhe dado reviver uma lembrança precisa: aos seis anos, perde sua mãezinha. Revê-se, então, no pátio do jardim de infância. Está sentada num canto e diz a si mesma: "Não sou como os outros. Os outros têm uma mãe, e eu não. Ninguém é tão infeliz quanto eu e ninguém jamais me poderá consolar". Inconscientemente, toma uma direção: "Ninguém jamais me poderá consolar".

Lembra-se de haver recusado a ajuda de vizinhos, de outras mães. Recusa-se a receber consolação e, em contrapartida, consola seu pai, incapaz de superar tanto a dor como a depressão que vive após a morte de sua esposa. Mônica vai preencher esta função junto a seu pai durante anos. Em sua infância e em sua adolescência, é reconhecida e amada neste papel de consoladora, e é este papel que viverá o resto de sua vida. É a sua maneira de existir: "Não exprimo necessidade alguma. Posso ser exaurida, despedaçada; isso não tem nenhuma importância, contanto que eu console o outro". Todavia, uma distorção ainda mais profunda esconde-se atrás desse primeiro direcionamento: "Ninguém pode consolar-me. O próprio Deus não o pode; então, vou consolar em seu lugar". É assim que, sem se dar conta, Mônica tomou um lugar que não é o seu, o lugar de Deus.

Sua cura consistirá no retorno em pensamento ao instante no qual fez esta escolha e no Espírito em buscar, com a ajuda de tudo quanto agora sabe sobre Deus, a outra maneira pela qual poderia ter vivido o acontecimento. No âmago dessa intensa dor, desse desmoronamento vivido, ela escuta a palavra: *Sou eu, sou eu quem vos consola*[9]. *O Senhor Deus enxugará as lágrimas de todas as faces*[10], *(Ele está) com os oprimidos e humildes*[11].

---
[9] Is 51,12.
[10] Is 25,8.
[11] Is 57,15.

Mônica agora sabe que o amor do Pai teria sido capaz de pouco a pouco pacificá-la, de reconfortá-la, de enviar-lhe ajuda na caminhada. Aceita deixar-se consolar, permite a ele que enxugue suas lágrimas. Renuncia a consolar o outro no lugar de Deus, como se pudesse sozinha preencher este papel. Alimenta-se da palavra que recebeu. Deixa viver dentro de si, dia após dia, esse aspecto desconhecido para ela: o amor de Deus no coração da infelicidade. E, pouco a pouco, sua compaixão pelo próximo vai situar-se de forma adequada.

Filipe empreendeu diversas vezes em sua vida um caminho de cura interior, mas revive sempre o mesmo problema: caminha por um tempo e, brutalmente, vê-se engolido por uma espécie de impotência: "Jamais conseguirei, nem vale a pena tentar". Exprime que este é um comportamento habitual em sua vida. Durante a releitura de sua história, diz ter sido criado por uma avó, cuja afeição era exclusivamente reservada à irmãzinha dele. O próprio Filipe sentia-se privado de toda afeição. Vem-lhe à memória uma lembrança precisa: sua irmãzinha recebe carinhos sentada sobre os joelhos da avó. Filipe diz: "Agora eu!" E escuta: "Ah, não, você não!" Esta lembrança resume tudo o que Filipe viveu no plano afetivo. Perguntamo-lhe se estava lembrado de como reagiu. Sua resposta é imediata e muito precisa: "Disse a mim mesmo: 'Minha irmãzinha é bonita, ela atrai amor. Eu sou estúpido, feio e mau. Nada de bom pode sair de mim. Não vale a pena tentar: já estou vencido de antemão'".

Filipe começa uma jornada ao longo de um falso caminho. Viverá, doravante, baseado sobre uma noção errônea, contrária à Palavra de Deus, que hoje lhe diz: *Este é meu filho bem-amado*[12] *(...) E direi a Lo-Ammi: "Tu és meu povo*[13]*"*. Filipe toma aos

---
[12] Mt 3,17.
[13] Os 2,25.

poucos consciência do sofrimento e da revolta que ficaram escondidas nele, sobre as quais lançou um véu. Renuncia vigorosamente à escolha de morte que fez, encontrando uma outra saída. Pode começar a confrontar uma situação afetiva dolorosa, tendo compreendido que, não importa o que aconteça, é um filho bem-amado. Assim, é capaz de penetrar pouco a pouco em sua verdadeira dimensão de filho de Deus.

Não temos senão uma única ferida. Há apenas uma única causa na origem de nossas feridas, de nossos problemas. Não nos atormentemos, não nos esgotemos em buscar o evento fundador, cuja tomada de consciência seria indispensável à nossa cura. Na vida do Espírito, deixemos emergir tranquilamente as lembranças, colhamos aquela que se apresenta e, daí, partamos em nossa caminhada: uma lembrança que volta com precisão à consciência reúne em si numerosas informações que vão ajudar a esclarecer o que foi realmente vivido. **Não há senão um único caminho** na origem de todos os nossos problemas. Tomamos várias orientações falsas, e o Espírito no-las faz descobrir durante nossa caminhada. É um pouco como as cascas de uma cebola, que retiramos uma após a outra.

Vigiemos, a fim de não termos uma visão simplista e reducionista desse trajeto. Não é porque nos conscientizamos de um mau direcionamento, porque renunciamos a ele, porque damos o primeiro passo, que a estrada chega ao fim. Alguns estagnam-se por terem acreditado nisto, enquanto, na verdade, estão no ponto de partida de um caminho que exige vigilância, fidelidade e diligência.

II
A FUSÃO

1. Que é fusão?

Cada um nasce num estado de fusão e de mistura com a mãe. É normal e são. É bom para a criança que seja assim; primeiro durante a gravidez e, depois, durante uns dezoito meses. A mãe envolve o filho: o filho é tudo para a mãe e a mãe é tudo para o filho. A fusão já está, de início, na ordem das coisas; as crianças que não conheceram este amor envolvente da mãe tornam-se intensamente perturbadas, pois lhes faltou uma etapa essencial de suas vidas.

O que é anormal e fonte de preocupação é a fusão que dura muito tempo, que é por demais crua, dura, demasiado forte. A criança vai, então, encontrar-se aprisionada: o que era bom torna-se malfazejo. A mãe e o filho permanecem misturados em suas identidades recíprocas. O filho não pode crescer em sua própria direção, em seu próprio desejo. Vai, por consequência, achar-se sob o domínio da mãe. Numa família bem ordenada, é o pai quem tem a função de confirmar a identidade do filho. É ele, prioritariamente, que terá como missão diligenciar para que a mãe e o filho se "desfusionem", que vai impedir que a confusão se instale. De uma maneira ou de outra, isto significará para o filho a proibição do incesto. À criança, deverá fazer-se compreender que o casal é feito entre o pai e a mãe e não entre o filho e um de seus pais, que o filho não tem de preencher a carência de seus pais, mas caminhar em sua própria estrada. Da mesma forma, o pai transmitirá à criança que nenhum pai ou nenhuma mãe podem dar o ser a seu filho, mas que o ser vem de Deus, e que, sob pena de tornar-se órfão, cada um deve reconhecer este fato e encontrar o liame entre seu "eu" declarado e seu ser profundo.

Se o pai de família não preenche sua tarefa, se a mãe ignora esta lei essencial de "desfusão", ameaça-se instaurar a confusão e muitos chegam à idade adulta sem ter realmente vivido a primeira e imperativa separação interior, a separação da mãe. Permanecem de algum modo no útero, e viverão este estado fusional não apenas com a mãe (ou com o pai), mas igualmente na maioria de suas relações. Muda o objeto da fusão, as pessoas diferem, mas a raiz da alienação está sempre presente.

É bom notar-se, aliás, que a fusão é quase obrigatória nos primeiros passos de um casal, não devendo normalmente durar senão certo período. Se essa fusão dura tempo demais, o indivíduo perde suas próprias referências, sufoca seus desejos mais profundos e impede-os de emergir a fim de integrar os desejos de um outro. A mistura torna-se uma fonte muito maior de angústia do que a própria separação.

Frequentemente, vive-se também uma intensa culpabilidade: o menor ato de liberdade parece uma transgressão, um perigo para o outro, sendo que a fusão é, com frequência, acompanhada de uma chantagem afetiva, diante da qual é difícil posicionar-se. Por falsa compaixão, para evitar o confronto, é possível, então, encontrar-se completamente alienado. O desejo de liberdade é muito forte no homem. Corremos o risco de sermos dilacerados por um conflito interior permanente e pelo ódio, uma revolta desenvolver-se-á contra aquele ou aquela que nos rouba a liberdade, os desejos mais essenciais. Esse ódio ameaça ser deslocado para outros ou voltar-se contra nós mesmos, destruindo-nos.

Pode existir fusão tanto no amor quanto no ódio. No ódio, o outro de alguma forma nos invade. A psique fica envenenada por pensamentos mortíferos, por conversações interiores, por desejos de vingança... ligados àquele que é odiado. Esse sentimento de ódio é na maior parte das vezes cuidadosa e profundamente escondido. Ousemos colocá-lo em plena luz, reconhecer sua existência e deixá-lo ser penetrado pelo Cristo.

A fusão pode ser vivida por uma criança nascida após a morte de um irmão ou irmã. No espírito de seus pais, tal criança vai de alguma forma substituir o filho morto. Os pais idealizam frequentemente o filho que se foi; o filho vivo pode, então, querer viver para substituir o irmão falecido, pode procurar assemelhar-se a ele. Viverá deste modo uma forma de fusão, que pesará como um intenso fardo sobre o seu futuro.

Certos pais podem operar uma fusão com o desejo de seu próprio filho. Tornando-se prioritário, o desejo do filho torna-se o desejo dos próprios pais. O essencial é satisfazê-lo. A criança corre então o risco, seja de entrar na fantasia da onipotência e na ilusão de que o mundo irá sempre se curvar a seus desejos, seja de experimentar uma desilusão que será difícil de viver.

Algumas pessoas passam a vida em reação contra o pai ou a mãe cujo comportamento foi fusional. Por esse fato mesmo, tais pessoas não se tornam livres, pois constroem-se em oposição a um outro e não a partir de si mesmos.

O ser humano tem necessidade de modelos. A criança vai imitar a vida que viu no seio da família. Os pais são aqueles a dizer-lhe o que é bom ou mau. Durante um tempo, essa identificação é necessária. Em seguida, a criança deve discernir por si só, guardar o que é bom e rejeitar o que pode arrastá-la por um caminho mau. O básico é que ela não se identifique inteiramente com seus pais, pois corre o risco, então, de navegar na esteira destes e de não desenvolver sua própria identidade.

2. Que nos diz a Palavra?

A palavra de Deus não nos pode esclarecer, senão ensinar quais as condições de um relacionamento reto. Não é em vão que nos é concedido conhecer a Deus através da contemplação da Santíssima Trindade, fonte e modelo de todo relacionamento. Jesus anunciou a renovação de todos os laços entre as pessoas (o Reino), vivendo-o na plenitude. Não basta fundar-se no amor; é preciso ainda que esse amor seja verdadeiro: *Amai-vos uns aos outros, como eu vos amei*, diz Jesus[1], e não segundo vossas normas habituais.

Um amor desordenado traz consigo muito sofrimento, muita confusão, perturbação; pode barrar o desenvolvimento do outro se é dominador, possessivo, devorador; pode acarretar formas de esmagamento e, portanto, de violência e de angústia.

A primeira palavra de vida

Por isso o homem deixará o seu pai e a sua mãe para se unir à sua mulher e se tornarão uma só carne[2].

Marie Balmary convida-nos a aprofundar a partir da palavra de Deus essa ideia de fusão, que insiste em perdurar e em tomar consciência da imperiosa necessidade de sair dela. Propõe especialmente uma releitura da história de Abrão e de Sarai, assim como da mensagem de Jesus[3].

YHWH diz a Abrão: *Deixa tua terra, tua família, a casa de teu pai e vai para a terra que te mostrarei*[4]. A terra que "eu" te mostrarei, a terra do "eu-tu". Abrão é, portanto, chamado a

---

[1] Jo 15,12.
[2] Gn 2,24.
[3] BALMARY, Marie. *Le Sacrifice interdit*. Paris, Grasset, 1986, p. 94-97, 115s.
[4] Gn 12,1 e *ibid*.

deixar o país de seu pai, de sua tribo, numa época em que isso parecia impensável, para dirigir-se à sua própria terra interior, ao seu "eu", à sua identidade, a qual deve diferenciar daquela de seu pai e de sua mãe. Ele obedece a esta voz e empreende este caminho interior, durante o qual se torna quem realmente é, recebe seu verdadeiro nome, tornando-se ao mesmo tempo fecundo. *Esta é a aliança contigo (...). De agora em diante não te chamarás mais Abrão, e sim Abraão*[5]. *(...) Eu te tornarei extremamente fecundo, farei nascer de ti nações e terás reis como descendentes*[6].

Sarai, sua esposa, é chamada para a mesma caminhada. Disse Deus a Abraão: *Quanto à tua mulher, Sarai, já não chamarás Sarai mas Sara. Eu a abençoarei e também dela te darei um filho*[7]. Essa é a promessa de Deus. Assim Sarai muda de nome, o que significa que Deus a estabelece em sua verdadeira identidade. Ela era a princesa de seu pai (no hebraico a letra "i" indica o possessivo); torna-se Sara livre, não misturada, capaz de deixar sua condição de dependência. Aos noventa anos, ela que era estéril carregará em si um fruto inesperado.

Jesus foi sempre muito claro sobre a maneira de viver a sua própria relação familiar. Aos doze anos, à idade em que um jovem hebreu toma, de fato, seu lugar na comunidade religiosa, durante uma estada em Jerusalém, quando da festa da Páscoa, permanece no Templo, enquanto a caravana na qual se encontram seus pais retorna a Nazaré. Estes procuram-no por três dias inteiros, encontrando-o finalmente no Templo, interrogando e ensinando os doutores da lei. Responde à inquietação de seus pais: *Por que me procuráveis? Não sabíeis que eu devia estar na casa de meu Pai?*[8] Nesse dia, Jesus posicionou-se da maneira mais clara possível em relação à família e em relação a Deus, sua

---
[5] Gn 17,4-5.
[6] Gn 17,6.
[7] Gn 17,15-16.
[8] Lc 2,49.

fonte geradora que chamará sempre de "meu Pai". Volta com os pais a Nazaré. Sua educação não terminara e devia morar com eles. O texto diz que Jesus lhes era submisso. Podia ser submisso, pois primeiro havia-se posicionado perfeitamente[9].

Há palavras de Cristo que são cuidadosamente postas de lado, dado que não lhes compreendemos o sentido real, não sabemos o que fazer delas, nem como vivê-las[10]: *Não penseis que vim trazer a paz à terra. Não vim trazer a paz e sim a espada. Pois vim separar o filho de seu pai, a filha de sua mãe, a nora de sua sogra. Os inimigos do homem serão os próprios parentes*[11]. *Doravante estarão cinco numa casa separados entre si, três contra dois e dois contra três; estarão divididos o pai contra o filho e o filho contra o pai; a mãe contra a filha e a filha contra a mãe; a sogra contra a nora e a nora contra a sogra*[12]. Para quem conhece a mensagem do Cristo, deve tratar-se não de uma rejeição, de uma exclusão, mas de coisa distinta, de uma maneira de amar, de uma ordem essencial, de prioridades a serem reencontradas no coração do amor. Tais prioridades vão estabelecer as condições indispensáveis à qualidade de um relacionamento. Efetivamente, a tradução hebraica da palavra grega *machaira* — que de início não significa espada, mas o grande cutelo usado para os sacrifícios — confirma-nos que a palavra não versa sobre divisão, mas sobre a separação do que não deve permanecer uma única carne.

Quem ama seu pai ou sua mãe mais que a mim (literalmente: acima de mim), *não é digno de mim*[13]. São vigorosas interpelações que ameaçam causar graves estragos, se mal interpretadas. Marie Balmary propõe a seguinte interpretação, que nos coloca

---

[9] BALMARY, Marie. *Op. cit.*, p. 106.
[10] *Ibid.*, p. 93-100.
[11] Mt 10,34-36.
[12] Lc 12,52-53.
[13] Mt 10,37.

inteiramente à vontade: quem ama seu filho ou sua filha mais do que a mim... isto é, mais do que ao seu segundo nascimento, mais do que à emergência de seu próprio "eu" e à relação com o "eu sou", não é digno de mim[14]. Quem prefere permanecer na confusão, na indiferenciação, na mistura, no domínio, na possessividade ou na falsa submissão, em vez de encaminhar-se para uma verdadeira liberdade, com tudo o que isto implica de passagens interiores, este não é digno de mim, não carrega a sua cruz. Este estagna-se, imobiliza-se, reduz sua vida, ao passo que Jesus diz: *Eu vim para que todos tenham vida, e vida em abundância*[15].

Cada homem é criado como ser unívoco, sendo, portanto, chamado a crescer nesta unicidade. A primeira relação pela qual cada um é responsável consiste naquela que deve ter consigo mesmo. Vivamos nossa diferença, nossa especificidade. Eis o pedestal, o fundamento, o primeiro chamado do ser, do próprio Deus: torna-te tu mesmo. Permanecendo no útero, misturados à nossa mãe ou ao nosso pai, será impossível atingir o nosso "eu".

Ser único não significa ser totalmente individualista, dobrado sobre si mesmo, autossuficiente. Não nos tornemos um pequeno deus separado do verdadeiro Deus; vivamos nossa condição, tornemo-nos filhos ou filhas de Deus, pelo Filho. Importa renascer da água e do Espírito, achar nossa verdadeira fonte, nosso fim, nossa orientação primeira. Deixemo-nos amar, modelar, para que possamos amar a Deus como ele nos ama. Todo ser humano é chamado a este novo nascimento, que é diferente de seu nascimento biológico: esse novo nascimento situa-se num plano espiritual. Vindo de Deus, deve ser desejado, querido; ele só é dado àqueles que escolhem este trajeto.

---

[14] BALMARY, Marie. *Op. cit.*, p.96.
[15] Jo 10,10.

Permanecendo na fusão, somos idólatras. Se colocamos nosso pai ou nossa mãe no lugar de Deus, são eles que nos ditam a sua lei, ao passo que somos chamados a deixar o Espírito inspirar-nos, participando livremente de sua obra, colaborando com ele de maneira reta.

Na Bíblia, esse caminho de separação interior com o pai ou com a mãe é dado sob forma de uma ordem. A ordem de Deus é um convite que conduz sempre à vida. Ele está sempre presente para sublinhar a importância do que diz. Quantos puderam abandonar o laço fusional, que os retinha cativos, quando foram capazes de compreender que transgrediam uma ordem de Deus; quando se conscientizaram de que aquilo a que chamavam dever era, na realidade, uma falta, um erro. Obedecer a uma ordem de vida dada por Deus, portanto, vinda de uma autoridade superior àquela dos pais, foi-lhes determinante para permitir-lhes abandonar uma culpabilidade mal situada.

A segunda palavra de vida

Honra teu pai e tua mãe (...), para que se prolongue teus dias e prosperes na terra que te deu o Senhor teu Deus[16]. Para estar-se no justo lugar em sua linhagem, é, portanto, indispensável separar-se interiormente de seu pai e de sua mãe, não permanecendo misturado a eles em sua identidade. Contudo, é preciso também respeitá-los. Vivamos integralmente e de maneira justa estas duas direções essenciais, pois a palavra de Deus é sempre coerente[17]. "Não é dito que os pais sejam amados, mas respei-

---

[16] Dt 5,16.
[17] Gostaríamos muito de transmitir literalmente o estudo sobre os Dez Mandamentos, escrito por Sibony, Daniel, psicanalista, no fim de seu livro: "Pour une éthique de l'être", inserido em *Les Trois Monothéismes* (Paris, Éd. du Seuil, 1992), e principalmente o trecho relativo ao quinto mandamento (p. 329-334), que restabelece com tanta pertinência esta palavra de vida. Utilizaremos desse trabalho alguns excertos e comentários.

tados. Dar-lhes peso é literalmente a palavra utilizada."[18] Uma criança que foi maltratada, que foi abandonada por seus pais, não poderá provavelmente amá-los com afeição, mas deverá sempre reconhecê-los como genitores; nunca deverá retirar-lhes este lugar, sob pena de adquirir para si graves desordens interiores, destruindo uma parte de si mesmo.

Respeitar seu pai e sua mãe consistirá, primeiro, em não negar sua geração, mas em reconhecê-la, quaisquer que sejam os dramas vividos; trata-se de não negar a existência parental, sob pena de autodestruição. Nossos pais transmitem-nos a vida, e é a este título que devemos honrá-los. A vida não lhes pertence, mas vem de Deus. Contudo, são os pais que a transmitem e têm nisto um papel fundamental. Viemos de Deus e a Deus iremos, mas passamos por nossos pais. Essa passagem pode ser acidental e pode deixar algumas sequelas; é impossível evitá-la. Todavia, como quer que tenha sido, é necessário encontrar essa passagem, assim como a nossa geração carnal e a fonte de nossa vida.

Respeitar pai e mãe não quer dizer estar obrigado a submeter-se aos projetos ou aos desejos que eles têm para nós; não é preencher suas carências, ser tudo para eles; não é evitar-lhes todo sofrimento; não significa deixar-se escravizar por uma chantagem afetiva, nem permanecer na dependência. Respeitar seu pai e sua mãe consistirá em aceitá-los tais como são, através da história que viveram, de suas feridas; em não obrigá-los a mudar, a tornar-se aquilo que sonhamos; em dar-lhes o direito de viver seu caminho, dando a nós mesmos o direito de seguir o nosso; em deixá-los amar-nos à sua maneira. Respeitemos sua maneira de ser e seu caminho, respeitando esses mesmos valores com relação a nós próprios. Nomeemos suas falhas sem condená-los e paremos de pedir-lhes contas, atitude que nos pode manter no estado de vítima, servindo-nos de álibi. Não os desprezemos, não

---

[18] SIBONY, Daniel. *Op. cit.*, p. 329.

os neguemos, não os rejeitemos, não os destruamos e não nos vinguemos deles. Sabendo respeitá-los, será mais fácil deixá-los de maneira justa.

3. Como sair da fusão?

E o morto saiu, tendo os pés e as mãos ligados com faixas e o rosto coberto por um sudário...[19]
Ousar nomear claramente o comportamento de qualquer um de nossos pais é o primeiro passo. Não se trata em nenhum caso de condenar a pessoa, de acusá-la, mas de discernir um comportamento que não vem de Deus. O julgamento da pessoa pertence ao Pai. *Eu não julgo a ninguém,* diz-nos Jesus[20].

Não basta reconhecer o estado de fusão. Uma vez sinalizado o falso caminho, chega o momento de arrepender-se de ter mantido, por tanto tempo, um estado de idolatria. O arrependimento é uma atitude extremamente ativa, que vai consistir em dar meia--volta, em abandonar uma estrada para tomar uma outra, em romper com um comportamento errôneo. É uma escolha, uma determinação muito firme: paramos de transgredir, de desobedecer. Essa escolha situa-se no coração e na vontade profundos. É inútil inquietar-se com as faixas que ainda nos ligam ou com o sudário que vela nossa face[21]. Asseguremo-nos da firmeza de nossa determinação.

É a perseverança que nos permite sair da divisão, do imobilismo, nos quais somos mergulhados pela oscilação entre o "quero, não quero" e o "quero, mas não posso". A escolha feita no coração profundo é impregnada da força e da graça; é força de vida; carrega em si um potencial de energia, de dinamismo

---
[19] Jo 11,44.
[20] Jo 8,15.
[21] Jo 11,43-44.

espiritual, de movimento. Se somos vigilantes, tal escolha vai pouco a pouco suscitar comportamentos; tornar-se-á o lugar estável sobre o qual nos podemos apoiar; transformar-se-á, finalmente, numa referência à qual poderemos recorrer.

Renunciemos a certa facilidade, a uma passividade, que consiste em viver a vida de um outro, a satisfazer seus desejos e não os nossos. Abandonemos essa segurança enganosa que nos poupa dos riscos da liberdade, do confronto necessário, de uma possível rejeição. Abandonar é um ato preciso, consciente. Talvez seja possível nos reportarmos a um ou a vários momentos precisos de nossa existência, em que nos recordamos de haver baixado os braços. Renunciemos vigorosamente a esta decisão e façamos uma nova escolha.

Escolhamos nossa direção de vida. Criemos um novo e justo relacionamento, que se poderá viver na liberdade, na diferenciação, no respeito mútuo. Restabeleçamos a retidão do relacionamento com nossos próximos, com aqueles que são da nossa mesma carne. É necessário que nos separemos para encontrar nossa identidade, nossa liberdade, nosso desejo próprio. Cada um, em alguma situação que se encontre, pode realizar um ato de liberdade, mesmo que mínimo. Viver esse relacionamento renovado é possível. Isso se fará, a graça de Deus está à espera. Introduzindo a presença de Deus no centro dessa mudança, desse novo parto, planta-se dessa forma a semente de ressurreição. O Espírito nos conforta, passo a passo, em nossa estrada. Separando-se interiormente de um ou de outro de nossos pais, confiemo-los a Deus, seu verdadeiro Pai. Repousemos sobre ele a dificuldade que tenham em viver sua própria ferida. Eles estão em boas mãos, em segurança.

Ao aliviar-nos realmente desse fardo, em favor de alguém mais competente que nós para dele se ocupar, não buscamos de modo algum evitar nosso próprio caminho, mas desincumbimos nosso coração de um tormento. Deus vela sobre nossos pais, como vela sobre nós.

Jesus disse-lhes: *Desatai-o e deixai-o ir*[22]. A ação de desatar é um movimento simples e forte, pelo qual escolhemos separar-nos do domínio de outro, para tornarmo-nos nós mesmos. É necessário prepararmo-nos pela oração, colocando-nos diante da palavra de vida que nos é pessoalmente dirigida. Podemos orar assim: "Hoje, libero-me das sombras e do domínio que este ou aquele possa ter tido sobre mim, e deixo-o(a) seguir seu caminho, na bênção de Deus, nas mãos do Pai. E eu mesmo libero-me deste ou daquele domínio que possa ter tido sobre ela ou ele, de minhas sombras. E eu mesmo sigo meu caminho, na bênção de Deus e nas mãos do Pai". Esse ato faz-nos sair da confusão: a pessoa do outro não é condenada, mas apenas o seu comportamento. Não deixamos absolutamente essa pessoa sozinha com seus problemas, nós a abençoamos, entregando-a ao caminho de Deus. Não se trata de maneira alguma de desamparar nossos pais, mas de "abrir um jogo de distâncias"[23], condição de um verdadeiro relacionamento.

Vive-se o roteiro da "desfusão", inicialmente pela restauração do relacionamento com qualquer um de nossos pais; contudo, é certo que esse trajeto vai prolongar-se face a todos aqueles com os quais nos encontramos "misturados". Em seguida, renovaremos a cada dia o ato vigoroso que fizemos, de maneira a não cairmos em nossa própria armadilha, a não fraquejarmos na nova orientação que tomamos; de maneira, enfim, a conformar pouco a pouco nossos comportamentos com a direção tomada. As recaídas são possíveis e, mesmo, prováveis. Não podemos desembaraçar-nos, de uma hora para outra, de feridas tão antigas. Contudo, as recaídas são oportunidades para um aprofundamento de nossa libertação.

---

[22] Jo 11,44.
[23] SIBONY, Daniel. *Op. cit.*, p. 332.

III
CONFUSÕES

1. Confusões nas funções familiares

Numa família, cada um deve estar em seu lugar adequado. Ninguém invade impunemente a função que não lhe pertence.

Noêmia é jovem e deseja muito constituir família. Ainda que encontre jovens que correspondam à sua expectativa, nenhum relacionamento consegue ser bem-sucedido. Durante um colóquio espiritual, pedimo-lhe que se exprimisse acerca de seu relacionamento com seu pai. "Era maravilhoso. Íamos acampar juntos, fazíamos excursões, íamos ao teatro, aos restaurantes..." E a mamãe, nisso tudo? "Ah, a mamãe! Ela ficava em casa." Sem se dar conta, Noêmia formou um casal com seu pai, que por sua vez não cumpriu sua função de pai, não recolocou o relacionamento em ordem. Teria sido preciso esclarecer a Noêmia e ensinar-lhe que toda menina é apaixonada por seu pai, mas que o casal é entre o marido e a esposa, e não entre o pai e a filha. Noêmia, que viveu uma grande confusão, encontra-se incapacitada de formar um novo casal; por outro lado, vive uma espécie de proibição, por parte de seu pai, de constituir um casal com um outro homem. Toma consciência de que vive uma desordem fundamental, transgredindo uma lei da vida. Escolhe abandonar o sentimento apaixonado que tem por seu pai, para reintegrar interiormente sua mãe em seu justo lugar de esposa. Retoma o seu lugar de filha, livre para um outro amor.

Miguel é o filho mais velho de uma família, na qual o pai está normalmente ausente do lar, durante longos períodos, por razões profissionais. Sua mãe adquire o hábito de contar com o filho. Insensivelmente, Miguel toma o lugar do pai junto aos seus irmãos e irmãs, buscando preencher a falta que vive sua mãe. Pouco a pouco, toma o lugar do marido ausente. Segue-se que ele se casa e encontra grandes dificuldades em sua vida conjugal. Compreende que de alguma forma tornou-se o marido de sua mãe e acha-se, portanto, na incapacidade de ser, de fato, parte efetiva de um outro casal. Seu caminho de conversão consiste em retomar seu lugar de filho, em devolver a seu pai sua verdadeira função. Apesar de suas ausências, o pai continua a ser o pai. Miguel deve renunciar a ser o tudo de sua mãe, a querer evitar-lhe o sofrimento da ausência do marido. Ele retorna a ser o filho. A libertação lentamente toma início.

Ana tem uma mãe frágil, incapaz de tomar decisões ou iniciativas. Sem se dar conta, com o passar dos anos, Ana torna-se a mãe de sua própria mãe. Toma-a sob seus cuidados, exatamente como uma mãe faria por seu filho. Tornou-se mãe, sem haver-se tornado moça e mulher. Percebe que essa função de mãe dá o tom de absolutamente todos os seus relacionamentos: Ana não existe, senão sendo mãe dos outros. Deve renunciar, agora, a preencher esse papel de mãe e reassumir seu lugar de filha. Continuará a ajudar sua mãe, mas dentro de um relacionamento equilibrado, livre, sendo capaz de situar-se em seu justo lugar.

Inês apresenta uma quase impossibilidade de casar-se. Ao reler sua história, toma consciência de que, tendo o casamento de seus pais fracassado desde o início da união, sua mãe transferiu para ela todo o seu amor. E, sem que disso tivesse uma percepção muito clara, a mãe formou um verdadeiro casal com a filha. Inês não tem de desempenhar o papel de companheiro junto à sua mãe. Ela deve reencontrar a sua liberdade, a sua dimensão de filha e renunciar a esse relacionamento confuso. Desde que se conscientiza da ambiguidade na qual vive, Inês muda de direção, reencontra suas referências e torna-se profundamente libertada.

Esses exemplos não são o que podemos chamar de incestos (transições ao ato sexual, realizadas entre pessoas ligadas por um grau de parentesco), mas relações incestuosas, isto é, uma desordem nas funções, nos relacionamentos familiares, sem relações sexuais, mas profundamente perturbadoras para uma criança. Os psicólogos que tratam de crianças problemáticas afirmam que um filho é mais gravemente atingido por uma séria desordem nas relações familiares do que pela carência de amor. Isso porque nesse caso a criança perde suas referências e não sabe mais como se situar. Como poder renunciar a um casal desordenadamente composto, que, contudo, existe, se não se é capaz de reconhecê-lo?

É impossível, sem graves danos à própria identidade, destruir completamente em si mesmo a imagem de um de seus pais.

André, logo após o divórcio de seus pais, quando tinha três anos, foi confiado a seu pai, que proibiu-lhe de tornar a ver sua mãe, a qual lhe era apresentada como perversa e desequilibrada. Seguiu-se que seu pai se casou, e André sempre chamou de "mamãe" a sua madrasta. Jamais reviu sua mãe. Exprime, durante um acompanhamento, que se encontra numa enorme confusão no plano afetivo: "Tudo se mistura em mim", diz ele, "É como se não tivesse raízes em lugar nenhum". Dá-se conta de que destruiu completamente em si mesmo a imagem de sua mãe genética. Contudo, foi ela quem lhe transmitiu a vida, devendo, como tal, possuir seu lugar, mesmo se depois foi carinhosamente amado por sua madrasta. Ele não tem o mesmo relacionamento, a mesma afeição por ambas, e é preciso que recoloque ordem em sua história. Essa tomada de consciência foi, para André, uma grande pacificação. Não pôde mais rever sua mãe, morta há muitos anos. Mas o fato de ter podido situar-se interiormente de forma clara, bastou-lhe para dar início a seu caminho de reintegração.

Uma criança pode ter sido amada dentro de uma confusão de sexos.

Joélia é a caçula dentre cinco filhas. Seu pai desejava ardentemente um filho homem e exprimia-o sem reservas. Para corresponder ao desejo do pai, Joélia viverá como o menino que lhe faltava, extinguindo em si toda feminilidade. Chega à idade adulta incapaz de aceitar-se: "Não sei quem eu sou". O fato de ser mulher é parte integrante dela mesma. Ela deve reencontrar seu próprio movimento interior, renunciar a corresponder ao desejo de seu pai. Vai assim, pouco a pouco, reaver sua integridade.

Ser apoiado, confirmado em sua identidade sexual é algo fundamental. Esse fato não exclui a necessidade de conhecer-se e libertar a dimensão feminina que há em todo o homem, assim como a dimensão masculina que existe em toda mulher. Todavia, não podemos penetrar em nossa verdadeira identidade, se não nos situarmos claramente enquanto homem ou enquanto mulher.

A perda dos referenciais pode também provir do nivelamento das gerações. Assim, por exemplo, os pais "companheiros", que pretendem viver o mais próximo possível dos problemas de seus filhos, correm o risco de ser a origem de desordens na criança, que não saberá mais diferenciar-se dos pais.

O Espírito do Deus vivo põe ordem, luz, retidão onde há confusão, desordem, caos. É a sua função — conduzir à verdade plena.

Ora, a terra estava deserta e vazia, as trevas cobriam o abismo, e um vento de Deus pairava sobre as águas. Deus disse: "Faça-se luz" e houve luz (...) Deus separou a luz das trevas[1].

2. Tomar para si o caminho de outro

Acontece, às vezes, que tomemos para nós a vivência de outra pessoa, por compaixão mal situada, para poupá-la de sua pena, para aliviá-la de seu fardo, para que sofra menos. É uma empreitada fadada ao fracasso, e muitos daqueles que tomam este direcionamento vivem uma sorte de impotência em suas vidas: "Jamais conseguirei". Efetivamente, jamais conseguirão viver a tarefa a que se determinaram; e carregarão esse sentimento de falência ao longo de todos os acontecimentos da vida, quaisquer que sejam. O caminho de cada um é absolutamente pessoal, específico. Se alguém não vive o seu próprio caminho, ninguém poderá fazê-lo em seu lugar.

Estamos sempre inseridos na lei da unicidade: cada um é único, cada um tem o seu caminho inteiramente particular a ser vivido. Aquele que toma sobre si o caminho de outrem não pode conduzir o seu próprio trajeto a bom termo. Não se trata aqui de sermos indiferentes, dizendo: "É problema dele(a). Ele(a) que se arranje". Porém, sobrecarregar-se com um fardo que não nos pertence; querer resolver a todo preço o problema do outro; encontrar obrigatoriamente uma solução para os seus problemas; poupar-lhe toda a forma de sofrimento; compensar suas deficiências; querer absolutamente salvá-lo, à nossa maneira e com nossas próprias forças; todas essas atitudes provêm de um movimento de "onipotência", camuflado por trás de uma aparência de doação, de generosidade. Vivamos um

---
[1] Gn 1,1-4.

amor autêntico, numa compaixão situada adequadamente. Isso exige coragem, pois é mais fácil abismar-se numa falsa piedade do que caminhar na verdade. Trata-se de ajudar, de escutar, de acolher o outro, a fim de permitir-lhe ser o que é, sem para isso, contudo, tomar nas costas o fardo do outro. Devolver a cada um seu caminho é algo que pode ser feito num movimento de amor totalmente verdadeiro.

A oração de substituição

Muitos crentes praticam esta forma de oração[2]. Rezam pela cura, pela libertação de alguém, propondo tomar sobre si mesmos o mal que o outro vive ou algum outro mal.

Inês: "Senhor, se curares meu filho, desejo, de boa vontade, tomar sobre mim a sua doença". A criança fica curada, e Inês vive doença sobre doença, na total inconsciência da escolha que determinou e que se impôs, à qual obedece. Ela misturou o seu caminho ao de seu filho; rezou de maneira desordenada, sem nenhuma distância. Nunca vimos, no Evangelho, Jesus pedir a alguém que fique doente para salvar outra pessoa; isso não existe, é uma aberração. Inês deve arrepender-se de haver acreditado que o mal era mais poderoso que Deus. Como se Deus não pudesse curar, libertar, sem transferir o mal para uma outra pessoa.

Sejamos extremamente atentos, a fim de não entrarmos nesse gênero de oração. É uma ofensa ao Deus dos vivos. Trata--se de um pacto que nesse momento é feito com a morte, com a doença. Damos ao nosso inconsciente uma ordem que conduz à nossa destruição; transgredimos gravemente a ordem de vida dada por Deus[3]. Não esqueçamos de que a primeira tarefa do

---

[2] PAYNE, Leanne. *Vivre la présence de Dieu*. Suisse, Éd. Raphaël, 1980, p. 201-212.

ser humano é salvaguardar a vida que lhe foi confiada, é não destruí-la. Negamos a salvação que Jesus Cristo nos traz: só ele cura, só ele toma sobre si nossos pecados e nossas dores.

Para alguns, é uma tentação muito forte tomar sobre si o mal do mundo, deixar-se engolir, invadir pelo sofrimento do outro; é uma orientação que pode ser inteiramente perigosa. Uma vez descoberta essa desordem, é muito fácil libertar-se; basta compreender que esse direcionamento não é conforme à mensagem do Cristo e renunciar. A oração de intercessão de um crente é fundamental, mas é essencial que ela seja colocada em seu devido lugar. O Espírito ensina-nos a rezar como convém. Deixemo-nos simplesmente guiar[4].

A reparação pelo outro

Algumas pessoas entram, até mesmo inconscientemente, numa conduta global de reparação. Tomam sobre si mesmos a responsabilidade da falta de um dos parentes ou de um ancestral, sem mesmo se dar conta. Existe um inconsciente familiar, assim como existe um inconsciente individual, no qual fluem e vivem segredos jamais exprimidos. É sobretudo nessas famílias que os filhos se põem a fazer a reparação pelas faltas de seus ancestrais[5].

Pedro tem um avô que teve uma filha (a própria mãe de Pedro) com a sua governanta. Nunca se fala disso na família. Contudo, Pedro vive um conflito insuportável entre a sua missão e uma vida de casal. Sem o saber, sobrecarregou-se com o pro-

---

[3] Jo 10,10.
[4] Vide uma forma de oração de intercessão no capítulo sobre o perdão a ser concedido, p. 221-222.
[5] Isso é muitíssimo bem explicado no livro de ANCELIN-SCHÜTZENBERGER, Anne, *Aïe mes aïeux*. Paris, Éd. Épi-La Méridienne, 1993.

blema de seu avô, que se dilacerou entre a sua vida sacerdotal e uma relação quase marital. Pedro tenta em vão encontrar uma saída para esse problema. Vive o mesmo insuportável conflito. A libertação consistirá em trazer à luz esse segredo, em conhecer simplesmente a verdade e em entregar seu avô nas mãos de Deus.

Por ocasião de um conflito conjugal, um filho que toma partido, que se coloca literalmente na pele de um ou de outro cônjuge, desloca-se de seu lugar próprio.

Na Bíblia, na maneira de ser de Cristo, há um infinito respeito pela história de cada um, que é sempre específica. Jesus adverte: a cada um é atribuída sua própria direção, sua própria maneira de ir a Deus. *Na casa de meu Pai há muitas moradas*[6]. Jesus não impediu, a todo custo, que Judas o traísse[7], ou que Pedro o negasse[8]. Ele não insiste, mesmo quando Pedro não compreende. Previne simplesmente a ambos sobre a armadilha na qual vão cair, mas os deixa livres. Depois da Ressurreição de Jesus, Pedro é informado do difícil futuro que o espera. *E ele?*, pergunta Pedro a Jesus, apontando João, o discípulo bem-amado. *Que te importa? Segue-me tu,*[9] é-lhe respondido. Jesus, Judas, Pedro e João: a cada um, seu caminho.

---

[6] Jo 14,2.
[7] Mc 14,17-21.
[8] Mc 14,29-31.
[9] Jo 21,22.

3. As promessas mal orientadas

Por causa dos falsos conceitos que têm de Deus, algumas pessoas fazem para si próprias, para os outros, para Deus, falsas promessas que acabam sendo mais orientadas à morte que à vida. Não obedecem mais ao Espírito, porém à promessa que fizeram, que vai impedi-los de desenvolver-se em direção de sua verdadeira identidade.

Emanuel, de doze anos, escuta sua mãe dizer-lhe: "se você me deixar, eu morro". Então, faz a promessa de jamais deixá-la. Em consequência, nunca pôde comprometer-se livremente, nem seguir seu chamado profundo, ainda que tenha partido para longe. Diz ter tido dentro de si uma espécie de bloqueio, uma impossibilidade de doar-se verdadeiramente, como que uma proibição inconsciente. Empreende uma psicoterapia, durante a qual toma consciência da promessa feita; contudo, não consegue desvincular-se dela. Durante uma sessão, toma consciência clara do sentido profundo da palavra de Deus, desta lei que consiste em deixar interiormente sua mãe. Compreende que não devia, de forma alguma, uma promessa desse gênero a um ser humano; entende que é um idólatra, devendo obedecer ao Espírito que o impele a tornar-se livre. Pode, então, renunciar imediatamente a essa promessa. É libertado em seguida. A proibição é retirada; agora, pode dar-se a Deus sem reservas. Como podemos doar-nos, se já nos demos a alguém, quando pertencemos a outra pessoa? Segue-se que Emanuel vai agora viver seu próprio caminho e constituir família.

Em seu trajeto de cura, vê claramente que poderia ter reagido de outra forma; que outra saída poderia ter encontrado para esse caso, em lugar de precipitar-se numa promessa, por falsa compaixão. Poderia, tranquilamente, ter explicado a sua mãe que esse caminho não era bom; que devia viver sua liberdade; que ambos iam criar juntos um novo relacionamento. Ceder a uma chantagem, a uma pressão de qualquer natureza não poderia senão tornar infeliz a um e a outro.

 Filipe exprime o seu mal-estar por ocasião de uma conversa: "Não tenho os pés no chão; flutuo. Nada me interessa de verdade. Não tenho desejos, nem vontade alguma de viver". Diz que tentou inúmeras vezes sair desse estado, sem efeito. Durante a releitura de sua história, exprime que seus pais se divorciaram quando tinha quatro anos. Uma lembrança volta-lhe à memória: "Estava deitado em minha cama, quando escutei minha mãe dizer: 'Prometa-me jamais parecer com o seu pai'. E eu prometi". Perguntamo-lhe como era seu pai. "Meu pai é alegre, cheio de vida, de iniciativa; é um lutador." Sem nunca ter verdadeiramente tido consciência, Filipe cresceu atado a essa promessa; fez tudo para não se assemelhar a seu pai. Entrou num modo de vida exatamente contrário àquele de seu pai. Seu caminho de cura foi muito rápido: a partir do momento em que se conscientizou de ter obedecido a um desejo mal orientado de um ser humano e não ao Espírito, a partir do instante em que compreendeu ter-se comprometido através de uma promessa que não é conforme ao desígnio de Deus, pôde facilmente renunciá-la, reencontrando seu próprio caminho: tornar-se si mesmo.

 Edite diz: "Se meu pai se curar do alcoolismo, quero, de bom grado, entrar para um mosteiro". Efetivamente, fez-se monja, mas sua vocação não resistiu ao tempo. Foi ela quem criou toda essa vocação do começo ao fim. Edite não levou em conta nem a vida do Espírito dentro de seu coração, nem seus desejos mais autênticos.

 Elisabete e Catarina são gêmeas. Aos sete anos, fazem um pacto, misturando uma gota de sangue de cada uma, como as crianças fazem: "Não nos separaremos jamais". Ao se tornarem estudantes, vão morar juntas. Catarina morre em consequência de uma enfermidade, aos dezenove anos. Elisabete, então, torna-se habitada por um sentimento de atração pela morte, o qual não consegue explicar. Chega a temer passar às vias de fato, tão forte é a compulsão que sente. Não tem nenhum gosto pela vida. Está, na realidade, ligada à promessa que fez quando criança: não pode deixar sua irmã, e busca segui-la, até na morte; não dá mais a si mesma o direito de viver. Elisabete viveu mal sua condição de irmã gêmea. Deve dar-se conta de que não é a metade de uma outra carne; ela é inteira, um ser humano singular e completo. Sai... dirige-te à tua própria terra, penetra em teu próprio nome... torna-te a ti mesmo[10].

Fazemos, às vezes, a nós mesmos, promessas que vão atar-nos assim como as que são feitas às outras pessoas. Em geral, isso é vivido por ocasião de um acontecimento doloroso, revoltante: "Já que é assim, eu..."

Micaela fez várias experiências amorosas que se revelaram catastróficas. Pressente que é ela quem induz à ruptura, sem saber como isso acontece. Fazendo uma releitura de sua vida de adolescente, reconhece que tomou uma decisão radical. Quando tinha treze anos, viu seu pai fazer prova de uma insuportável violência em relação a sua mãe. "Já que é assim, não me casarei nunca." Quem seria capaz de pensar que uma tal promessa pudesse manter alguém cativo? Contudo, é frequentemente o que acontece. Micaela vai viver sob a influência da proibição que ela mesma se impôs, proibição que deve agora suspender.

Quando nos acorrentamos às promessas inconsideradas, não é difícil libertar-nos: basta tomarmos consciência de que elas não são conformes à vontade de Deus e de que somos nós quem as criamos, letra por letra. É, então, possível compreender que Cristo, que veio para ser o nosso libertador, chama-nos a renunciar a tais promessas. Efetuando essa caminhada interior, o laço será imediatamente desfeito.

---

[10] Gn 12,1.

IV
A DOMINAÇÃO

A dominação consiste no fato de tomar-se o poder sobre outra pessoa, confiscando-lhe a liberdade, impondo-lhe sua própria maneira de viver e de pensar, seus direcionamentos, seus projetos, sua concepção do que deveria tornar-se, do caminho que deve tomar. A dominação é diferente da fusão. Na fusão, duas personalidades são misturadas, não há separação. A criança e o adulto permanecem aprisionados em uma matriz que impede a cada um de assumir a sua identidade. Aquele que se deixa aprisionar numa fusão não possui mais vontade própria; integra, porém, em si o desejo de outro como sendo o seu próprio. Na dominação, as pessoas estão separadas; contudo, há o autoritarismo de um lado e o esmagamento de outro. Aquele(a) que vive a dominação está sob a dependência de outra pessoa; não é livre para fazer suas escolhas; submete-se, defendendo uma vontade que não é a sua própria. Pode haver dominação sem fusão, enquanto que na fusão há sempre dominação.

1. Algumas referências sobre a autoridade e a obediência

A autoridade é necessária para a criança, para a família, assim como para todo grupo humano. Sem ela, há desordem e confusão. A autoridade apresenta-se como uma pedagogia da liberdade e como sinal de amor ao próximo. Deveria conduzir a uma ordem justa, àquela que resulta das leis da vida. Uma autoridade bem situada, benfazeja para todos, não deve ser arbitrária, nem despótica, nem bitolada, nem legalista; deve, sim, respeitar a liberdade, a responsabilidade do outro, a sua participação e os seus direitos essenciais. Aquele que a exerce deve servir aos outros e não a si mesmo.

Importa saber discernir, distinguir entre uma autoridade bem situada e um abuso de poder. Permanecer sob a dominação de um ser humano ou se submeter a um abuso de poder é o sinal de uma falsa obediência, de uma alienação da liberdade. Por outro lado, recusar a escravização não significa recusar-se a obedecer a quem quer que seja ou viver numa total independência. Obedecer tem um sentido muito profundo, um fundamento todo espiritual, básico para a vida do ser humano, para sua evolução.

O primeiro problema consiste, evidentemente, em perguntar-se a quem obedecer e de que maneira. É a Deus quem obedecemos fundamentalmente. A obediência é em primeiro lugar o local da escuta: é "colocar-se à disposição", para prestar ouvidos, escutar. *Cada manhã ele desperta meu ouvido para que eu ouça como os discípulos*[1]. Isto supõe que sejamos disponíveis, a fim de que Deus abra literalmente nossos ouvidos, que o desejemos, que o peçamos, que lhe demos o tempo de agir.

Obedecer é aderir à luz recebida, é colocá-la em prática. A obediência é a liberdade mais profunda. Isso pode parecer estranho e de difícil compreensão, porém é uma realidade essencial. Com efeito, obedecer é uma escolha, uma marca de nossa liberdade; obedecemos porque escolhemos obedecer[2]. A escolha parte sempre do desejo: a justa obediência é querida,

---

[1] Is 50,4.
[2] BRUGUÈS, Jean-Louis. *Dictionnaire de morale catholique*. Chambray, CLD, 1991, p. 293 e s.

jamais conseguiria ser passiva, fruto de constrangimento ou pesada. Por amor, Deus concede suas leis a seu povo, dá-se a si mesmo; e é por amor que escolhemos entrar nesse modo de vida, nessa forma de relacionamento com ele. Não se trata apenas de observar leis, trata-se de uma maneira de ser.

Porei no vosso íntimo o meu Espírito e farei com que andeis de acordo com os meus estatutos e guardeis as minhas normas e as pratiqueis[3]. Esta promessa vai encontrar seu cumprimento total no Pentecostes. Criar-se-á, então, com o Cristo um relacionamento muito particular, que não é o de um escravo ou de um subordinado, mas o de um amigo. *Vós sois meus amigos se praticais o que vos mando*[4]. Isso nada tem a ver com as nossas concepções habituais sobre a obediência; é uma dinâmica completamente diversa, na qual encontraremos nossa felicidade, nossa plenitude, nosso equilíbrio profundo. O Cristo, por outro lado, *é* o caminho, é por ele que nos será possível entrar nessa obediência fundamental. Ele mesmo viveu esse trajeto, essa maneira de ser e de viver na alegria, uma alegria que ninguém pôde arrebatar-lhe, mesmo através de dores e de dilaceramentos agudíssimos. Encontrava-se em seu justo lugar: *O Pai é maior do que eu*[5]. Aí está o fundamento de toda obediência.

Mas como estamos inseridos na encarnação, a obediência não vai situar-se unicamente numa relação pessoal com o Pai, o Filho e o Espírito Santo, ainda que seja esta a sua fonte. Vai apresentar-se "através de uma cascata de mediações; a mediação faz parte da economia divina. Deus quer salvar os homens através dos homens, que têm eles próprios necessidade de ser salvos"[6].

É esta junção entre a obediência a Deus e a obediência à autoridade humana que, frequentemente, se apresenta difícil de ser vivida. E isso é bastante normal, dado que de um lado há o

---
[3] Ez 36,27.
[4] Jo 15,14.
[5] Jo 14,28.
[6] BRUGUÈS, Jean-Louis. *Op. cit.,* p. 293.

risco de sermos tentados por uma independência orgulhosa, que vai conduzir a eliminarmos a obediência às mediações (às leis necessárias de todo grupo, às condições de pertença à nossa Igreja...), ao escolhermos obedecer exclusivamente "ao Espírito". De outro lado, podemos, ao contrário, ser falsos obedientes, por medo da dominação (vivemos, então, o esmagamento, a submissão deslocada). Isso dá-se pela depreciação de nós mesmos; pela confiança indiscriminada e infantil colocada sobre alguém, seja por negligência, como por preguiça; enfim, pela falta de discernimento...

Cristo convida seus discípulos a viver um singular relacionamento mútuo no seu Corpo, que é a comunidade dos crentes. E deu-lhes as condições de uma comunhão verdadeira, que não é nem independência total, nem escravização, nem pusilanimidade.

2. Que espécie de dominação já conhecemos em nossas vidas?

Muitos conheceram uma autoridade abusiva, tirânica, legalista, exercida fora de seu verdadeiro sentido, à qual obedecem de maneira infantil, pueril, na revolta ou na cólera. Ocorre, frequentemente, que cheguem até à idade adulta com medo do poder que o outro tem sobre si, da ameaça da escravização, com o temor de enfrentar um conflito, de represálias. O menor ato de liberdade figura como uma desobediência; e não é raro transpor esse temor até ao relacionamento com Deus.

A dominação pode também se situar no plano intelectual, sendo, todavia, vivida com igual frequência no plano espiritual. Sob esse aspecto, torna-se muito perigosa, já que, quando um poder abusivo se apresenta com uma tonalidade espiritual ou com argumentos evangélicos, temos quase sempre muitas dificuldades em corrigi-lo. É bom procurar ajuda; mas importa saber que ninguém pode discernir em nosso lugar. É, muitas vezes, por pusilanimidade que algumas pessoas caem nessa forma de dominação espiritual: é tão mais fácil confiar-se ao discernimento dessa ou daquela pessoa que lhes vai dizer exatamente como viver a vontade de Deus, ou deixar preguiçosamente que se lhes imponha o que devem pensar ou decidir.

Grupos inteiros podem viver, desse modo, sob uma dominação fascinante, sedutora. Por essa razão, seria sábio prever um acompanhamento do grupo por alguém de fora, a fim de prevenir esse tipo de desvio que, na maior parte do tempo, é muito insidioso[7]. É imperativo que tenhamos um reto discernimento, a fim de não nos tornarmos cúmplices de erros, de manipulações, de jogos de poder. Não estamos, neste ponto, tratando de seitas ou do exercício de um poder absoluto por um homem ou por uma mulher. Tratamos, nesse momento, de comunidades sadias, sob quase todos os pontos de vista em que a vigilância pode cochilar.

É preciso também discernir a ocorrência do abuso de poder por parte de pessoas que se dizem frágeis e que acabam por impor sua dominação sobre um relacionamento, sobre uma família inteira ou sobre uma comunidade: é o poder dos fracos, quase sempre tirânico. Todo o grupo termina por dobrar-se às suas exigências, por medo de feri-los; todavia, é essencial escapar de uma falsa compaixão que pode acarretar perturbações profundas nos relacionamentos.

É igualmente possível a existência de abuso de poder numa forma de superproteção, que pode aprisionar o outro.

Certas pessoas tomam a palavra de um outro ser humano como um absoluto, um determinismo, uma definição de si mesmas. Assumem essas palavras como uma verdade, sem discerni-las, mesmo quando são mentirosas, contrárias à Palavra de Deus.

---

[7] BRACONNIER, Olivier. *Radiographie d'une secte au-dessus de tout soupçon*. Paris, Éd. du Cerf, coll. "Foi vivante", n. 366, 1996.

Uma semente envenenada é, então, plantada; e essa toxina vai espalhar-se. Não é raro que essa semente se torne uma das causas donde provenha a maneira pela qual nos depreciamos: "Você é ruim"; "Minha pobre filha, você não é bonita, não se casará nunca"; "Você nunca poderá ter um filho; você é frágil demais"; "Você não presta para nada"; "Uma mulher deve ser independente, original; o casamento só pode esmagá-la"; "Quando se tem pais divorciados, corre-se grande risco do divórcio"; "Você é insuportável, vai acabar matando a sua mãe"; "Esta criança é o diabo; se ela não existisse, a família viveria em paz"; "Você é igualzinho ao seu pai ou à sua mãe". Certos pais podem, em vez disso, colocar o filho sobre um pedestal e orná-lo de todas as qualidades. Essa criança vai viver a ilusão, a mentira e, mais tarde, terá provavelmente muita dificuldade em examinar-se, em aceitar seus limites e suas quedas.

Se não estamos seguros de nossa identidade, corremos o risco de ir buscar em outrem o que temos de descobrir em nós mesmos ou em Deus. É claro, ninguém se constrói sozinho; além do mais, o olhar do outro tem sua importância particular. Este pode ser uma preciosa fonte de informações, de conscientização ou de consolo. Cuidemos, porém, para não entrarmos numa dependência prejudicial; para não pedirmos a um outro ser humano a nossa identidade, ao passo que é apenas Deus quem a fundamenta, na unidade do ser.

Por fim, é frequente vivermos sob a dominação de um superego desorientado. Em cada um vive o que, em psicologia, é chamado de o superego, no qual se encontra centralizado, reunido, tudo o que se conhece sobre a autoridade, a lei. Se assumimos interiormente o que vivemos num relacionamento de autoridade abusiva e dominadora, se o problema da dominação não foi ordenado, este superego pode, por sua vez, tornar-se abusivo, cheio de exigências desmesuradas, um verdadeiro "policial interior"[8]. Estamos como que diante de um tribunal que vigia, julga, acusa, condena. Confundimos muitas vezes esse policial interior com o olhar de Deus, o que evidentemente é catastrófico para a nossa vida espiritual.

3. A Palavra de Deus

O Senhor é minha luz e minha salvação: a quem temerei? O Senhor é a fortaleza de minha vida: perante quem temerei? (...) Se um exército acampar contra mim, meu coração não temerá[9].
Não temas e nem te acovardes, porque o Senhor teu Deus estará contigo por onde quer que andes[10].
Não temas[11], diz Jesus sem cessar.

A Palavra é clara: um filho ou uma filha de Deus, um servidor do Reino é em sua essência obediente; todavia, não seria passível de ser subjugado por qualquer um. *(Minha vida) ninguém a tira de mim*, diz Jesus, *mas eu a dou livremente*[12]. O cristão possui a liberdade dos filhos de Deus, numa justa e total docilidade às moções do Espírito. A Palavra exprime, sem nenhuma ambiguidade, o caminho que é preciso deixar e a escolha de vida a ser feita; conduz, desse modo, à conversão. Vivamos uma verdadeira mudança, a mudança da escravização a um poder humano para uma escolha livre e jubilosa de obedecer a Deus. Essa opção levar-nos-á necessariamente à obediência elementar (aos acontecimentos, às leis); contudo, nossa liberdade não será mais alienada.

Pertencemos a Deus. Iremos encontrá-lo como princípio e fonte de nossa vida, como a finalidade de nossa existência, como nossa âncora, nossa segurança. Estar seguro em Deus significa

---

[8] Louf, André. *Au gré de sa grâce*. Paris, Desclée De Brouwer, 1989, p. 129-136.
[9] Sl 26,1.3.
[10] Js 1,9.
[11] Lc 12,32; At 18,9; Ap 1,17; 2,10.
[12] Jo 10,18.

ter nele o centro, encontrar nele a força de nosso coração, saber que ele *é* cada segundo de vida e que é nele que o homem tem o seu ser.

Cada um é chamado a situar-se numa dimensão além de suas próprias forças: a vida no Espírito. "Não pelo poder, nem pela força, mas sim pelo meu Espírito."[13]

Ao mesmo tempo em que encontramos nosso enraizamento em Deus, fazemos a escolha de abandonar a dominação, a forma de escravização em que vivemos. Como sempre, essa escolha e esse propósito são vividos no coração profundo; para fazer essa opção, é preciso levar em conta o "eu quero", e não o "não posso". O essencial é deixar claro se realmente queremos escolher. Pouco importa se de imediato não podemos fazê-lo; pois, como de hábito, trata-se de uma determinação a ser feita no coração profundo, de uma opção que nos fará sair do imobilismo, do conflito, da divisão interior. A graça de Deus está sempre presente, ela nos basta[14].

Um outro ato de liberdade salutar a ser realizado é o de desligar-se, de libertar-se da dominação de outrem, ou o de libertar outra pessoa de nosso domínio. Assim, cada um dá ao outro o direito de seguir livremente o seu próprio caminho. A partir desses atos interiores, deixamos de ser dominados por um ser humano.

É ele quem te livra do laço do caçador[15]. *O laço se rompeu e nós escapamos*[16].

---

[13] Vide Zc 4,6.
[14] 2Cor 12,9.
[15] Sl 90,3.
[16] Sl 123,7.

V
AS FERIDAS DO AMOR

Pois que és precioso aos meus olhos, és honrado e eu te amo[1].

Será que cremos realmente nisso? Será que vivemos essa verdade?

O ser humano é feito para amar e ser amado. O amor é a fonte e a finalidade de nossa vida. Uma criança deveria, normalmente, ser acolhida e crescer no amor; contudo, existem falhas e feridas nesse contexto. Quantas crianças sofreram a carência ou a perda do amor, vivendo com a sensação de serem mal-amadas, de não serem reconhecidas pelo que são, de terem sua confiança traída? Tudo que diz respeito ao amor é fonte de alegria, mas também de sofrimento muito profundo e de feridas, que podem ser vividas de maneira sadia ou negligenciadas até se infectarem.

As crianças carentes de amor não receberam o que lhes era legitimamente devido e creem, a maior parte do tempo, que não merecem ser amadas. São assim as crianças abandonadas, não protegidas, não reconhecidas, não desejadas, não acolhidas, as quais frequentemente não possuem desejo algum de viver; aquelas que sofreram injustiça (predileção dos pais por algum

---

[1] Is 43,4.

outro irmão, ou pais que esperavam uma criança de outro sexo); aquelas que foram amadas apenas sob a condição de cumprir um papel (de filho mais velho, de filha ideal…); aquelas que foram vítimas de uma tentativa de aborto, ou mesmo de um projeto de aborto, crianças estas que podem desenvolver impulsos de morte, atitudes suicidas; aquelas que sofreram abusos sexuais, que foram consideradas como objetos, que vivem frequentemente a vergonha, a humilhação, a culpabilidade; as crianças que viveram um amor fusional, devorador. Estas últimas, de forma específica, não conheceram o verdadeiro amor. Para muitas delas, o amor é perigoso e é necessário proteger-se dele.

No caso da perda do amor, a criança vive uma fragmentação. Isto dá-se por exemplo depois de um luto; especialmente quando não se dá explicação alguma à criança, a qual se defronta, então, com um intenso questionamento, angustiante e sem resposta. (Se a criança é de tenra idade, pode viver a morte de um dos pais como um abandono.) Outros exemplos se enquadrariam dentro de uma separação violenta e não compreendida: o filho mais velho é enviado à casa de parentes, por ocasião do nascimento de um irmãozinho, e vê seu lugar tomado por um outro ao retornar… O caso de uma guerra, talvez… o divórcio dos pais… Tudo que represente uma perda da segurança fundamental, sobretudo quando não há possibilidade de diálogo. Mais exemplos dessa categoria: uma internação traumatizante num hospital, onde a criança pode sentir-se abandonada; a perda da confiança: uma traição, um segredo confiado que não é guardado. É possível que a criança se feche completamente: "Nunca mais confiarei em ninguém".

1. A carência de amor

Como reagimos à falta de amor? Na maior parte do tempo, com medo.

As crianças, que sofreram a carência de algo tão essencial quanto o amor, o reconhecimento, a segurança ou a confiança, viveram uma situação de angústia interior, frequentemente inexprimida. E têm medo de encontrar-se de novo nessa situação, de reviver algo que, apesar de tudo, já é passado. Aquele sofrimento agudo está sempre presente. Contudo, quem o sofreu procura fugir dele, contorná-lo por soluções de substituição que não são conformes às leis da vida. Essas saídas orientam-se em geral em duas direções[2]: preencher a carência para evitar vivê-la, ou administrá-la para que não o encontre mais desprevenido, isto é, para que o carente possa ter o controle da situação.

Como compensamos a carência de amor?

Há mil maneiras de compensar a carência. Por exemplo:

— Pelo alimentar-se de afeto: empanturramo-nos, ficamos totalmente satisfeitos, tentamos tapar todos os vazios, até ao limite, é uma espécie de bulimia.

— Pela busca obstinada do amor paterno ou materno que faltou.

— Pelo acúmulo de roupas, de objetos, de dinheiro... tudo demais, muito mais do que o necessário; atulhados, engolidos pelas coisas, terminamos por tornar-nos escravos delas.

— Por uma maneira de apostar tudo sobre a inteligência, os diplomas, os estudos. O pensamento nunca tem limite; tudo

---

[2] WINNICOTT, D. W. "La Crainte de l'effondrement", artigo publicado na *International Review of Psycho-Analysis,* n. 1, 1974, p. 35-44.

está centralizado num acúmulo de conhecimentos, de saber. Não há mais férias, espaços de tempo livres.

— Por uma atividade ou por uma generosidade sem limites: não há mais tempo para o silêncio, para uma volta a si mesmo ou para o relacionamento gratuito.

— Por um trabalho que devora todo o resto da vida: vemos, com angústia, aproximar-se a aposentadoria ou uma interrupção na vida profissional.

— Pela arte, pela cultura, pela música, pela análise... coisas todas excelentes em si mesmas, quando não se tornam um absoluto, a finalidade exclusiva da vida, invadindo todo o nosso ser.

Solicitar a outrem que preencha a nossa carência é um comportamento muito frequente. Tendo, de uma maneira ou de outra, sofrido a carência de amor de um dos pais, ou dos dois, corremos, sem o saber, o risco de buscar um pai ou uma mãe em todo relacionamento. A relação interpessoal torna-se, então, vítima de uma armadilha. O outro é amado não pelo que é, mas por aquilo que nos pode trazer. Se não recebemos o que esperamos, podemos entrar num processo de reivindicação e de crítica. Deflagra-se, então, a crise no relacionamento.

Ocorre, muitas vezes, que entremos no matrimônio buscando um pai ou uma mãe, e isto é normal. O que não se mostra reto, isto sim, é que o busquemos de forma exagerada e totalmente inconsciente. Desse modo, tornar-nos-íamos escravos de uma procura de compensação, sobre a qual não temos nenhum controle e não sabemos como ultrapassá-la.

Como administramos a carência?

Outra maneira de contornar a carência será administrá-la. Isso dá-se por duas razões: seja pelo medo de vê-la novamente se precipitar sobre si, de forma inesperada (e nesse caso preferimos gerenciá-la por antecipação, em vez de temê-la), seja porque somos incapazes de viver de outro modo. Trata-se de um comportamento muito mais sutil e escondido do que aquele consistente em compensar a carência.

É possível administrar-se a carência de múltiplas formas:

— Instalando regimes draconianos: não nos autorizamos o mínimo desvio. Levado até o extremo, isto torna-se uma verdadeira anorexia. Poucos relacionamentos, pouco lazer, pouco dinheiro, mesmo tendo um serviço que poderia ser bem remunerado.

— Deixando de aprender: a inteligência fica, por assim dizer, bloqueada.

— Revivendo sem cessar as carências e as dificuldades passadas. Por exemplo, um relacionamento foi conflituoso e, agora, já está bem equilibrado; contudo, vivemos como se a dificuldade estivesse sempre presente.

— Maltratando-se, não concedendo a si mesmo nenhum prazer verdadeiro, não se autorizando a ser feliz.

— Escolhendo uma orientação de vida na qual estaremos sempre carentes: uma comunidade bem pobre, sob todos os pontos de vista…

Administrar a carência não tem nada a ver com um autêntico espírito de pobreza. O coração pobre não tem medo da carência, não procura preenchê-la, mas sabe vivê-la no dom do Pai. Não procura ter o controle sobre o que quer que seja, nem busca proteger-se. Aceita perder, quando necessário. Sua caminhada consiste em desentulhar-se.

Em vez de permanecer na frustração sempre renovada, peçamos ao Espírito para iluminar-nos. Comecemos por aceitar a eventualidade de que os obstáculos possam, muito bem, vir de nós mesmos; de que, talvez, fechemos a porta de encontro àquele que *veio para que todos tenham a vida e a tenham em abundância*[3].

Que diz a Palavra?

É ilusório crer que a finalidade da vida é compensar as carências e que a felicidade consiste em viver sem elas. Esquecemos de que haverá sempre no ser humano uma sede, que é, na verdade, um chamado para Deus.

A Palavra ensina que não se trata de compensar a falta, mas de vivê-la em Deus, e Jesus mostra o caminho. Ele mesmo não é compensado pelos acontecimentos. Vive situações instáveis: as circunstâncias de seu nascimento, a fuga para o Egito, a fim de escapar da morte, um grande tempo de silêncio de trinta anos, salvo um breve rompimento aos doze. Desde o começo de sua missão pública, é ameaçado, vigiado por adversários figadais que buscam eliminá-lo, levá-lo à morte. É traído por dois de seus discípulos, dentre os quais um dos mais próximos, Pedro. Conhece uma morte de escravo, após uma noite de solidão, de angústia, como se tomasse sobre si o drama dos homens sem Deus.

É muito significativo que a primeira tentação vivida por Jesus, quando de seus quarenta dias de jejum no deserto, referisse-se justamente a essa questão da carência: Jesus tem fome. *Se és Filho de Deus*, diz-lhe o tentador, *manda que estas pedras se transformem em pães*[4]. Não toleres nenhuma perda, seja de que

---

[3] Jo 10,10.
[4] Mt 4,3.

natureza for. Tens fome, faz um milagre; serve-te, não esperes; transforma as pedras em pão e serás saciado. Jesus responde que o ser humano não vive só de pão, mas de toda Palavra que sai da boca de Deus. É assim que, mesmo atravessando a carência, o homem encontrará a sua integridade, sua inteireza.

E vemos Jesus, que vive uma alegria e uma paz de caráter muito singular ao longo dessas carências. Entrega-nos o segredo de seu coração: o Pai é a fonte de seu apoio. Com ele, Jesus vive uma relação filial impregnada de tudo aquilo que pode haver de bom, de confiante, de seguro. Ensina-nos assim como um filho de Deus, estando seguro no Pai, pode assumir a carência.

Falsas crenças totalmente mortíferas podem ter-se enraizado em nós. Tendo experimentado a carência de amor, pensamos muitas vezes que um relacionamento vivo e concreto, com um Deus que nos ame de modo pessoal, é impensável, incogitável. É como um mundo que nos é estranho, como uma língua que não compreendemos, como palavras que não nos atingem. Ou então, se Deus é realmente amor, é para os outros, não para nós; pois se não fomos amados, é porque não o merecemos. É culpa nossa; como poderíamos interessar a Deus?

É preciso não esquecer que a graça está sempre presente e que Deus *transformará o deserto em pântanos e a terra seca em nascentes de água*[5]. Ao compreendermos que a barreira se encontra em nós mesmos, um grande passo terá sido dado. Uma vez que essas falsas crenças tenham sido trazidas à luz, será possível colocá-las em ressonância com a Palavra de Deus. É a primeira verdade que será preciso interiorizar em nós, verdade simples e fundamental: não é possível identificar o amor de Deus com o amor deficiente dos seres humanos. Em nenhum

---

[5] Is 41,18.

caso, encontraremos no relacionamento com Deus os desvios experimentados em nossos relacionamentos humanos. Deus não é feito à imagem de nossos pais. A raiz dessa primeira dificuldade é evidente: criamos Deus à imagem de nossos pais e revivemos com ele o modo de comunicação que conhecemos na família. Como crer no amor de Deus, quando nosso próprio pai (ou mãe) é inexistente, ausente, indigno ou opressor?

É por não termos ideia alguma do que possa ser uma relação filial que ela não pode existir entre Deus e nós. Confiemos no Espírito, a fim de que nos encaminhe, para além das palavras, à realidade de um relacionamento ao qual somos chamados. Deus ama os não-amados[6]: *Amarei a La-Rouhama (a não--amada) e direi a Lo-Ammi (aquele que é não-meu-povo): "Tu és meu povo", e ele dirá: "Meu Deus"*. Cada um e cada uma tem o seu valor, o seu peso[7], o seu nome de bem-amado[8]. Nossa terra não é mais chamada desolada, nem abandonada; mas se torna a "Desposada", o lugar onde repousa o prazer de Deus[9]. Ninguém é esquecido. Deus cuida com ternura daquele que foi abandonado ao nascer, sobre o qual ninguém se inclinou[10]. Ele transforma o Vale de Acor — o vale da infelicidade — numa porta de esperança[11].

O caminho de volta

Não basta reconhecermos nossa ilusão e nossas falsas crenças, é essencial renunciá-las com vigor. Cada um de nós pode sem delongas, na graça de Deus, dar um passo nesse caminho.

---

[6] Os 2,3.25.
[7] Is 43,4.
[8] Os 2,25; Mt 3,17.
[9] Is 62,4.
[10] Ez 16,1-14.
[11] Os 2,17.

Trata-se essencialmente de colocar-se em marcha; de não permanecer na impotência; de abrir uma brecha; de permitir que se abram, para nós mesmos, nossas potencialidades de acolhimento. Abramos espaço a uma coisa nova, a uma relação possível, ainda que não conhecida. Sejamos disponíveis a acolher a graça.

Em seguida, aceitemos definitivamente a realidade de nosso passado. O passado é passado, não é possível mudá-lo. "Ninguém poderá fazer com que encontre o pai que perdi aos três anos, ou mudar o fato de que minha mãe tenha deixado o lar quando eu tinha sete anos." A aceitação definitiva da realidade do passado, da carência, da perda do amor não é tão simples quanto parece. Aceitar não ter sido amado, aceitar ter perdido aquele(a) que amávamos, que representava a nossa segurança original, é uma travessia espiritual basilar, um despojamento muito profundo, que não pode ser vivido de maneira rápida, pois conduz aos movimentos interiores essenciais.

Abandonemos a esperança ilusória de que nosso pai ou nossa mãe vá, enfim, mudar, amar-nos, reconhecer-nos pelo que somos. Deixemos de remoer nossa infelicidade, saiamos do "vitimismo" destruidor, no qual podemos ter-nos fechado. Tragamos à luz os motivos (vingança, benefícios indiretos…) pelos quais permanecemos atados ao nosso sofrimento, à nossa revolta. Esta primeira caminhada vive-se na oração: é fonte de uma paz profunda e de uma verdadeira libertação. Todas as energias que estavam ocupadas em revoltar-se, em recusar o acontecimento, em reivindicar a mudança do outro, estarão agora livres para começar a caminhada da vida. É o raiar da Páscoa.

Clara tem vinte e quatro anos e é anoréxica. Sempre que alguém quer obrigá-la a fazer algo que não lhe convém, ela suprime toda a alimentação. Verifiquemos quando esse processo começou. Clara diz que seus pais a fizeram trabalhar com dezesseis anos, quando poderiam muito bem pagar seus estudos.

Sua primeira crise de anorexia começou muito pouco tempo após esse acontecimento. Por quê? "Porque queria mostrar-lhes que a sua conduta era inaceitável. Não se faz isso com um filho, se você o ama." Clara toma consciência dessa vingança. Nunca aceitou o que aconteceu; a ferida infectou-se e agora envenena toda a sua vida. Então, renuncia a vingar-se e decide retomar os estudos.

Míriam tem intensas crises de choro, cada vez que evoca sua infância. Ela sufoca, não consegue mais falar... Chegou assim aos cinquenta anos. Que há por detrás dessas lágrimas? "Quero que os meus pais tomem consciência do mal que me fizeram." É evidente que Míriam só pode alcançar esse objetivo chorando e mostrando a todos, inclusive aos seus pais, que é infeliz. Mas o seu caminho de cura fica bloqueado, se persiste nessa atitude. Míriam não aceita o seu passado e permanece acorrentada ao que lhe fez sofrer. O primeiro passo para a sua libertação é renunciar a obrigar seus pais a mudarem: eles são o que são. Ela deve renunciar a essa vingança, que persegue inconscientemente, a fim de tomar as rédeas de sua vida.

Cristo ensina-nos a deixar que os mortos enterrem seus mortos[12]. Não se trata mais aqui de deixar o pai ou a mãe, mas de uma outra coisa. Trata-se de abandonar a procura obstinada e inconsciente daquilo que não recebemos. No amor de Deus que se revela a todos, fortificados por sua graça, tornemo-nos capazes de viver esse luto, esse processo interior tão profundo.

Importa, então, ficarmos atentos a uma outra armadilha que nos pode prender: esperar que Deus nos compense e que o faça conforme a maneira que determinamos. Esperamos, algumas vezes, que Deus vá realmente substituir nosso pai ou nossa mãe e buscamos, perto dele, uma sensação especial, toda feita de calor, de ternura... Não é assim que o amor vai curar

---

[12] Mt 8,22.

a nossa afetividade, a nossa sensibilidade. Ele as fortifica em suas funções próprias, orientando-as na direção da vida. Vai ensinar-nos a ficar de pé, vivos, ao longo de nossas carências. Cristo diz: *Permanecei em mim, como eu permaneço em vós*[13]. *Não vos deixarei órfãos; voltarei para vós*[14]. Isso não quer dizer que algumas pessoas não terão de viver certa solidão humana. Mas essas pessoas serão capazes de situá-la, de assumi-la e de permitir-lhe trazer toda a sua fecundidade.

Nesse percurso, um belo dia, alguns poderão ser invadidos pelo amor do Pai. Para outros, o caminho pode ser também mais longo, vivido na nudez da fé, na reconstrução progressiva. Contudo, confiando-nos inteiramente ao Espírito, que tem meios bem próprios de fazer-nos reencontrar e viver o amor, confiando este objetivo à sabedoria divina, ser-nos-á concedido, a cada passo do caminho, o pão, o vinho, a água que nos são necessá-rios, pois *Iahweh proverá*[15]. Todavia, o desejo nunca será completamente saciado, o que é, de fato, um chamado de Deus para mais vida, mais verdade.

2. A perda do amor

Reconhecer a fragmentação e abrir-se a Cristo

Uma criança que perdeu brutalmente uma fonte de amor, de segurança, viveu uma fragmentação, uma angústia profunda, uma espécie de "agonia primitiva"[16]. Porém, mesmo se guarda a lembrança do acontecimento, pode não ter consciência do que

---

[13] Jo 15,4.
[14] Jo 14,18.
[15] Gn 22,14 (tradução da Bíblia de Jerusalém).
[16] WINNICOTT, D. W. *"La Crainte de l'effondrement"*, artigo publicado na *International Review of Psycho-Analysis*, n. 1, 1974, p. 38.

realmente experimentou. É, todavia, quase certo que ela tenha guardado, escondido em si, o terror da fragmentação, o pavor do brutal vácuo afetivo que viveu. Não se dá conta, mesmo chegando a idade adulta, de que esse terror pertence ao passado e de que, hoje, tudo já está terminado.

Nessa ignorância, a vítima da perda afetiva vai dobrar-se sobre si mesma, numa autoproteção contra tudo que possa assemelhar-se a um desmoronamento, a um abandono; ou então, vai procurar experimentar de novo o que já foi vivido, a fim de encontrar um outro desfecho ao acontecimento, desta vez satisfatório. O primeiro passo a ser dado é abrir a Cristo essa parte de nosso passado, reconhecendo profundamente que vivemos uma fragmentação, uma brutal perda de amor. A lembrança do fato ainda está bastante presente na memória, mas totalmente escondida, e, na maior parte do tempo, há uma espécie de véu colocado sobre tudo que foi vivido. A violência, a intensidade dos sentimentos são anestesiados, apagados. Não é preciso esgotarmo-nos em tentar reviver o terror em que nos afundamos, mas deixar emergir a lembrança traumatizante, de modo a permitir que o Espírito possa aí penetrar. O véu rasga-se, o nevoeiro dissipa-se, e o que temos vivido pouco a pouco se aclara, volta à ordem.

Atravessar de novo o acontecimento na presença de Deus

É possível voltar a essa lembrança dolorosa com o que agora conhecemos do amor de Deus, o qual toma conta de tudo, fortificando-nos, dizendo-nos que nunca estaremos sozinhos, se aprendermos a permanecer nele como ele permanece em nós[17]. Deus não promete que estaremos abrigados dos acontecimentos

---

[17] Jo 14,23.

que poderão momentaneamente desestabilizar-nos, mas anuncia que estará sempre presente no coração de toda angústia. *Ele alteia sua voz e a terra se dissolve*[18].

Miguel chega ao acompanhamento com um problema aparentemente de ordem espiritual: não consegue fazer silêncio, concentrar-se na oração. Sempre que reza, tem a aterradora impressão de cair num buraco, no vazio. Não tem coragem de abandonar-se, de sair do plano mental. Abre pouco a pouco sua história e encontra um fato importante de sua vida, uma desintegração que é capaz de mencionar: tem dois anos e meio no momento da ocupação da França pelos nazistas. Seus pais fogem e acham-se em grave perigo na estrada, por causa do bombardeio. Tomados pelo medo, confiam o filho a uma família que passava de carro, de sorte que Miguel se encontra brutalmente desligado de seus pais, debaixo da chuva de bombas, a caminho do desconhecido com uma família estranha. É um desmoronamento brutal de todo o seu universo e de toda a sua segurança. Esse terror pertence ao passado. Ele o viveu na impotência de uma pequenina criança. Agora, contudo, sabe que nunca está sozinho, seja qual for o acontecimento a ser vivido: *Quem me enviou, está comigo. Não me deixou sozinho*[19], diz Jesus. Miguel conta ter recebido uma imagem no momento da oração, ao fim da conversa de acompanhamento. Cristo estende-lhe a mão e diz-lhe: "Você não está só; eu estou sempre com você, onde quer que esteja". Essa palavra vai ser o seu alimento, substituindo aos poucos a angústia do vazio.

Estêvão cai em depressão em intervalos regulares, sem poder descobrir a causa dessas quedas frequentes: "É como se eu caísse de repente num buraco, em queda livre", diz ele. Buscamos

---

[18] Sl 45,7.
[19] Jo 8,29.

com Estêvão se não teria vivido um desagregamento pessoal em sua infância. Conta, então, que tinha uma irmã gêmea. Aos dezoito meses, essa criança morreu em algumas horas. Estêvão foi levado muito rapidamente à casa de vizinhos. Narra o acontecimento sem nenhuma emoção: é passado; aparentemente tudo isso foi vivido sem problema. Reservamos tempo para demorarmo-nos sobre aquilo que viveu quando voltou para casa, ao encontrar-se só diante de um vazio aterrador, dado que não foi explicado: que foi feito da sua irmãzinha; onde está ela? Nunca mais sua mãe voltou a falar no assunto. Ele simplesmente viu alguns brinquedos fechados no armário. Por que agora estão trancados? Estêvão pode reatribuir toda sua depressão devido a esse fato, compreendendo que a origem de suas crises encontra-se nessa medonha angústia em que caiu no momento da morte de sua irmã, angústia da qual não pôde falar a ninguém. Pouco a pouco, entrega nas mãos do Pai a intensa dor que viveu, essa angústia do questionamento sem resposta. Suas depressões tornam-se mais espaçadas, cessando completamente ao fim de alguns meses.

VI
A COBIÇA[1]

Até agora, ocupamo-nos sobretudo do relacionamento com nossos pais. Porém, o que vivemos com nossos irmãos é igualmente fundamental: vamos defrontar-nos com o ciúme, com a rivalidade, com a comparação no afeto, com o reconhecimento dado mais a um do que a outro, com o problema das preferências... O lugar que ocupamos no meio dos irmãos é de evidente importância. Notemos que uma criança pode encontrar-se em situação de rivalidade relativamente com um dos pais; contudo, pode encontrar-se na mesma situação diante de outras crianças, no caso de um filho único.

É impossível evitar a vivência de movimentos perturbadores, recorrentes, dolorosos. Eles são normais, inevitáveis; trata-se, porém, de ultrapassá-los e de aprender a viver um relacionamento bem ordenado, de forma adequada. As feridas vividas no relacionamento entre irmãos permanecem com frequência muito distantes, muito longínquas, intimamente escondidas, e esse fato torna-se fonte de infecção das mesmas feridas.

---

[1] Para um estudo aprofundado da alienação do ser humano que acontece na cobiça, do necessário desenvolvimento de cada um em sua unicidade, em sua diferenciação, remeto o leitor à apostila escrita por LAURENT, Marie-Madeleine e DE BETTIGNIES, Dominique, *Voici mon ordre: Aimez-vous les uns les autres comme je vous ai aimés, identité et alterité*.

A Bíblia está cheia de histórias de irmãos rivais, em que um quer apoderar-se do que pertence ao outro ou ser beneficiário de tudo o que é dado ao outro. Caim, cuja oferta não é aceita por Deus como é a de Abel, mata seu irmão[2]. Jacó, o irmão caçula, logra e engana seu pai Isaac, para apoderar-se da bênção reservada ao primogênito Esaú[3]. Os irmãos de José veem que seu pai Jacó *amava-o mais do que a todos os seus outros filhos e odiaram-no...* Terminaram por lançá-lo numa cisterna no deserto[4].

A cobiça, na Escritura, encontra-se em todo lugar: Davi cobiça a mulher de um de seus generais, Urias, e planeja uma armadilha para levá-lo à morte[5]. Os discípulos de Jesus não estão isentos da competição: *"Sobre o que discutíeis no caminho?" Ficaram em silêncio, porque pelo caminho vinham discutindo qual era o maior*[6].

A inveja, a competição, o ciúme dos fariseus e dos doutores da lei em relação a Jesus acarretaram a sua morte, sendo ele um inocente. Mas Jesus atravessou a morte de tal maneira que matou o ódio[7], reintroduzindo definitivamente o amor no mundo.

1. As infelizes consequências

Na raiz da rivalidade e do ciúme encontra-se a cobiça, que por sua vez gera a violência. A última "palavra de vida" do Decálogo proíbe a cobiça, e não é à toa: é porque ela conduz à morte, à destruição de si e do outro. *Não desejarás a mulher do próximo. Não cobiçarás a casa do teu próximo, nem seu campo, nem seu*

---

[2] Gn 4,3-8.
[3] Gn 27,1-29.
[4] Gn 37,12-25.
[5] 2Sm 11,12.
[6] Mc 9,33-34.
[7] Ef 2,14-16.

escravo, nem sua escrava, nem seu boi, nem seu jumento, nem coisa alguma que pertença a teu próximo[8]. "A raiz hebraica da palavra 'cobiçado' significa encanto: não fique encantado pelo que pertence ao outro: encantado, enfeitiçado, hipnotizado..."[9] Não fique enfeitiçado pelo que o outro tem, pelo que o outro é e você não. É-lhe proibido ser outra pessoa. Não fique enfeitiçado pelos dons alheios, pelo seu caminho, pela sua missão. Torne-se você mesmo, siga o seu próprio caminho.

Por trás da cobiça, encontramos o medo da perda, o medo de não sermos mais amados ou reconhecidos, de não valermos mais nada, de perdermos nosso lugar. Mas encontramos também o desejo da posse, do monopólio. Não queremos que alguma coisa nos escape; queremos ser amados, apreciados, valorizados como o outro. Desejamos seus dons, sua inteligência, sua forma de comunicação, o encanto que faz com que mobilize a atenção.

A cobiça vai conduzir à violência em relação ao próximo, a partir do rancor diante daquilo que ele é ou possui e do desejo de obtê-lo. Todavia, a concupiscência conduz também à alienação de si mesmo, pois o nosso ser é exilado em direção a outra pessoa. Procuramos edificar sobre uma ilusão, sobre uma imitação deslocada. Misturados à identidade de outrem, queremos tornar-nos o que ele é, a fim de possuirmos o que ele tem. Depreciando-nos, entramos num processo de comparação muito destruidor.

Luís conta: "Tinha sete anos quando minha irmãzinha nasceu. Brincava em meu quarto, na hora em que meu pai entrou e disse: 'Olha, temos agora uma princesinha na casa'. Fiz como se não tivesse escutado. Tenho a impressão de que, nos tempos

---

[8] Dt 5,21.
[9] SIBONY, Daniel. "Pour une éthique de l'être", em *Les Trois Monothéismes*. Paris, Éd. du Seil, 1992, p. 339.

que seguiram, protegi muito minha irmã. Mas dou-me conta de que, onde quer que esteja, quero ter todo o espaço. Não suporto dividi-lo com ninguém e vivo em conflito permanente com aqueles que me cercam". Luís deseja reencontrar aquilo que perdeu: o tempo em que tinha só para si o carinho de seus pais. Sua cura consistirá em encontrar seu lugar de filho no coração do Pai, em aprender a vivê-lo em seu relacionamento com o próximo, ao longo dos limites que a existência de uma irmãzinha lhe impõe. Ele não pode tudo possuir, tudo guardar para si. Se verdadeiramente tem o seu próprio lugar, o outro terá o seu.

Susana: "Sou a quarta de uma família de sete irmãos. Minha mãe era muito pródiga. Tínhamos materialmente tudo que era necessário; mas nunca conheci um relacionamento de ternura. Era como um número no meio dos outros. A irmã que vinha depois de mim caiu gravemente enferma. Durante quase dois meses, toda a minha família se reunia para rezar por ela. Hoje, tomo consciência do seguinte: naquele momento, convenci-me de que, para atrair a atenção e o afeto dos outros, o único meio era o de cair doente. Tenho quarenta anos e a impressão de que, desde sempre, vivo num estado de esgotamento, sem nenhuma energia". Susana deverá retornar em pensamento ao instante em que escolheu ser doente. Deve enfrentar o sofrimento de não ter sido efetivamente o centro da atenção da família, de ter sido "abandonada à própria sorte". Hoje, pode deixar Cristo reestabelecer o seu verdadeiro lugar, nesse relacionamento, no qual é conhecida pelo nome, no qual pode encontrar a Deus de maneira inteiramente pessoal. Torna-se-á, então, capaz de renunciar à crença de não existir outro jeito senão ser doente e frágil, a fim de ser amada e reconhecida. Susana escolhe viver com boa saúde, mesmo se corre o risco, assim, de não mais polarizar sobre ela a compaixão, a atenção dos outros.

A inveja é mortífera, tanto para os outros quanto para nós mesmos. Ela vai conduzir o outro à morte, para tomarmos o que ele tem, o que é ou para impedi-lo de gozar aquilo que não possuímos, que não somos. Há múltiplas maneiras de matar o outro, a partir da cobiça: desvalorizando-o, desprezando-o; buscando destruí-lo em sua criatividade, desestabilizá-lo por argumentos mentirosos. Essa crítica destrutiva não contém nada de um verdadeiro discernimento, pois está enevoada pela competição desde os alicerces. Esse gênero de comportamento é infelizmente usual nos relacionamentos de grupo, mas raramente reconhecido. Podemos também matar o outro negando-o, demonstrando-lhe uma total indiferença, concedendo a nós mesmos uma supervalorização...

Ser invejoso é uma das maneiras de destruir-se. Quando não nos desenvolvemos mais segundo nossa linha própria, não damos mais frutos. Edificamos sobre a areia, perdemos nossos alicerces[10]. Ficando frustrados, consideramo-nos como vítimas, ressecamo-nos vivendo em constante comparação com o outro. Buscando, até à exaustão, provar o que valemos, alimentamos em nós o sentimento de vingança.

A Palavra de Deus

A lei de vida que se transgride aqui é, mais uma vez, a lei da unicidade. Aqueles e aquelas que vivem na cobiça não constroem a própria identidade. A palavra de Deus chama-os a viver como pessoas únicas, diferente das outras, mas em justa relação com estas, respeitando-lhes as diferenças, deixando-lhes à vontade com aquilo que possuem. A Palavra vocaciona-os a encontrar aquilo que são. Essa lei fundamen-

---

[10] Mt 7,26.

tal encontra-se expressa em toda a Bíblia, principalmente no episódio da Torre de Babel[11].

Só será possível escaparmos da rivalidade encontrando o nosso lugar em Deus, deixando-nos atingir por essa qualidade de amor totalmente específica, na qual não há preferência ou competição alguma. O amor é dado por inteiro a cada um; ninguém é dele privado. Aquilo que um recebe não faz falta a outro. O amor é gratuito e não depende de sucessos ou méritos; basta aproximar-se para acolhê-lo. Cada um é amado, esperado, chamado naquilo que é, alimentado[12], fortificado, conhecido por seu nome, em suas necessidades, em sua história. Se nos deixamos amar assim, como pessoa única, então não precisaremos mais tomar o que o outro tem ou é. Teremos encontrado o tesouro, a pérola preciosa. Cada um de nós vai viver sua especificidade, seu lugar único.

"Junto com cada homem, vem ao mundo algo de novo, que ainda não existiu; algo de inédito e de único."[13] "O Rabino Zousya falava, pouco antes de sua morte: 'No mundo que há de vir, a pergunta que me farão não será: Por que não foste Moisés? Não, a pergunta será: Por que não foste Zousya?'"[14]

2. O caminho de conversão

"Permanecer na cobiça é supor que o outro haja confiscado uma parte de seu ser."[15] Trata-se, antes de qualquer outro processo, de encontrarmos o caminho do ser em nós mesmos. O ser é dado por Deus a cada pessoa; ninguém no-lo pode tomar, assim

---

[11] Gn 11,1-9.
[12] Mt 6,26.
[13] BUBER, Martin. *Le Chemin de l'homme*. Monaco, Éd. du Rocher, 1991, p. 19.
[14] *Ibid.*, p. 19-20.
[15] SIBONY, Daniel. "Pour une éthique de l'être", em *Les Trois Monothéismes*, p. 340.

como ninguém é privado de um. Restabelecer sua relação com o próprio ser é um caminho pessoal. Ninguém pode fazê-lo em nosso lugar, em nenhum caso. Não é tomando ou cobiçando a porção do ser ou do haver de outrem[16] que poderemos reencontrar o ser que há em nós.

Enraizar-se em nosso próprio ser é o fundamento da liberdade, a saída da escravidão: não somos mais escravos do olhar alheio, do seu trabalho, de seu sucesso...[17]

Para que nos tornemos nós mesmos, temos de reconhecer e aceitar aquilo que somos, com nossos limites e nossos dons. É o momento de assegurarmo-nos de que todos os nossos limites foram aceitos, de que não nos deixamos corroer novamente, durante nosso trajeto, pela ilusão da onipotência.

Quando vivemos a inveja, murmuramos[18] como os Hebreus, após a saída do Egito. Deus fá-los sair da escravidão, liberta-os e alimenta-os abundantemente durante a sua travessia do deserto, enviando-lhes o maná dia e noite. Contudo, os Hebreus estão *fartos desse pão de miséria*[19], que, todavia, tem o gosto de um bolo preparado com óleo[20]. Choram, lamentando a carne, o peixe, os pepinos, os melões, as verduras, as cebolas e o alho que tinham no Egito, no tempo da escravidão. *Nossos olhos nada veem senão esse maná*[21], dizem eles, passando completamente ao largo da maravilha que estão vivendo. Viver cada dia, num estado interior de gratidão, de uma maneira simples, concreta, como um exercício cotidiano; render graças pela criação, pelas múltiplas manifestações de Deus em nossa vida, pelo que há de bom em nós, no outro, em torno de nós; habituar-se a ter esse

---

[16] *Ibid.*, p. 342.
[17] *Ibid.*, p. 343.
[18] Nm 11,1.
[19] Nm 21,5.
[20] Nm 11,8.
[21] Nm 11,5-6.

olhar, em vez de estarmos sempre fixados sobre o que nos falta, é uma verdadeira conversão do coração.

Contudo, não podemos ser gratos senão quando graves provações nos sobrevêm. A aceitação total e profunda da prova leva tempo. É uma ocasião de dor, de despojamento muito íntimo. Mas é certo que a vida jorrará desta passagem, na qual o sentido da oferta e o sentido do dom vão pouco a pouco introduzir-se.

Gastemos tempo em descobrir nossa qualidade essencial, nossa especificidade, em acolhê-la, em aceitá-la. Frequentemente, gostaríamos muito de possuir os dons, as qualidades alheias, que levam o outro a conseguir algo que não temos e que nos parece essencial. Nossas próprias qualidades são nesse instante abandonadas, pois ficamos convencidos de que não as temos; ou senão, ficamos persuadidos de que as nossas qualidades não têm valor algum, não merecendo ser desenvolvidas. Desse modo, obscurecemos a criação. Vivemos à margem de nós mesmos, não conseguindo descobrir o sentido real de nossa vida.

Com efeito, entramos no processo de autodepreciação, que provoca tantas devastações. A autodepreciação é, claro, uma falsa humildade, pois cada um tem uma qualidade essencial. Recebamo-la das mãos de Deus com gratidão, docilidade e, algumas vezes, com coragem, em vez de recusá-la, desejando outra coisa. Desenvolvamo-la e façamo-la dar frutos. Ela nunca se assemelhará à qualidade alheia. A verdadeira humildade, nosso único dever nesse sentido, consistirá em conhecer e em preencher a nossa medida, em não nos colocarmos nem além, nem aquém. Então, a graça de Deus ser-nos-á dada em plenitude e seremos felizes, mesmo dentro de nossos limites.

3. Tenhamos coragem de viver a diferenciação

O caminho de liberdade é um caminho de diferenciação; e o amor verdadeiro consistirá em viver a nossa singularidade, respeitando a do outro, sem negá-la nem agredi-la, mas também sem apagá-la. Confundimos muitas vezes diferença com divisão, comunhão com uniformidade. Vivamos nossa singularidade na maneira de assumir nossas tarefas, de sair de velhos esquemas, de não copiar o que fazem. Saiamos na frente, tenhamos iniciativas... Em face da tradição, teremos o mesmo comportamento, que consiste em receber o que ela traz de bom e de verdadeiro, mas sempre guardando o nosso próprio caminho; eis, de fato, uma maneira de obedecer ao Espírito.

Trata-se de viver a própria condição de filhos e filhas de Deus, segundo a sua especificidade, como Jesus o fez. Ele cumpriu a sua missão particular. Envia o Espírito, não para imitá-lo, mas para *fazer obras até maiores do que as suas*[22]. Na lembrança do que disse, na fidelidade, isto é, na criatividade, que compreende memória e coerência[23].

Teremos sempre, é claro, movimentos de inveja, de cobiça; o essencial é não ceder a eles. E assim, nosso lugar próprio virá à tona, sem dúvida alguma; pois, em vez de buscar no exterior as formas pelas quais nossa missão poderá ser vivida, partiremos do centro de nosso ser. Viveremos, então, a palavra de Jesus: *Buscai em primeiro lugar o reino de Deus e a sua justiça* (sua justeza), *e todas estas coisas vos serão acrescentadas*[24].

Não podemos percorrer esses caminhos de liberdade interior, de retorno, de conversão profunda, sem passagens dolorosas, que vão, contudo, conduzir a mais vida. É preciso sabermos disso, sem surpresas. O fato de tudo parecer ir mal depois do início de uma caminhada, ou de uma tomada de consciência, não quer dizer que estejamos num trajeto errado; muito pelo contrário. Não devemos ter medo desse gênero de sofrimento nem evitá-lo a todo o custo.

---

[22] Jo 14,12.
[23] THÉVENOT, Xavier. Ensino oral.
[24] Mt 6,33.

A principal fonte de infecção de nossas feridas é, precisamente, havermos tomado um atalho para sofrermos menos. É uma proteção completamente ilusória, uma negação da vida, o contrário de uma fé viva, existencial. As etapas que vivemos numa caminhada como essa são necessárias, normais, e é na graça que as podemos assumir. Elas fazem parte do combate espiritual vivido por todo o ser humano que caminha e que se sabe habitado por Deus. Fiquemos na paz: não podemos ordenar todo os nossos problemas, todo o nosso passado, de uma só vez, num único dia.

Vivamos a passagem do dia de hoje; e teremos de viver as mesmas etapas, sob formas diferentes, à ocasião de novos acontecimentos. Mas a partir do momento em que começamos a caminhar numa justa colaboração com o Espírito, saímos do caminho de morte, de inércia, de autodestruição. Entramos no caminho de vida, de movimento, de reconstrução, de ressurreição.

Terceira parte

COMO DEUS NOS RESTAURA?

A PALAVRA DE DEUS

Na casa de Marta e de Maria[1]
Lc 10,38-42

³⁸Pondo-se eles a caminho, Jesus entrou numa aldeia, e uma mulher, de nome Marta, recebeu-o em sua casa. ³⁹Tinha uma irmã chamada Maria, que, sentada aos pés do Senhor, lhe escutava a palavra. ⁴⁰Marta estava ocupada com o muito serviço. Parou e disse: "Senhor, não te importa que minha irmã me deixe sozinha no serviço? Dize-lhe, pois, que me ajude". ⁴¹O Senhor respondeu-lhe: "Marta, Marta, tu te inquietas e te preocupas com muitas coisas; ⁴²entretanto uma só coisa é necessária. Maria escolheu a melhor parte[2] que não lhe será tirada".

No curso de sua missão, Jesus pára com aqueles que o acompanham na casa de Marta e Maria, irmãs de Lázaro, a quem o Senhor, em seguida, retirará da morte. Tais irmãs moram na aldeia de Betânia. Esta casa é, para Jesus, um lugar de descanso e de amizade.

Marta provavelmente tem a responsabilidade de administrar a casa; sua irmã, Maria, que normalmente deveria também cumprir uma tarefa de serviço material, como preparar as refeições,

---

[1] Para esse comentário do Evangelho, inspirei-me nas duas obras seguintes:
BASSET, Lytta. *La Joie imprenable*. Genève, Labor et Fides, 1996, p. 207-216.
GLARDON, Thérèse, *et al. Le Temps pour vivre*. Lausanne, Presses bibliques universitaires, coll. "Espace", 1991, p. 114-130.

[2] A palavra bíblica é a "boa" parte.

escolhe um lugar completamente inesperado para uma mulher da época. Ela instala-se aos pés de Jesus para escutá-lo, para alimentar-se de sua Palavra, de sua presença.

Durante esse encontro, Jesus ensina a Marta como existir a partir do ser, como descobrir o seu desejo mais verdadeiro, como escolher em sua vida as condições de acesso ao essencial. Jesus unificara totalmente a sua própria interioridade e a sua vida ativa, permanecendo presente, de modo intenso, a todos aqueles que o cercavam. Desse modo, é possível crer que nessa passagem não se faz caso de uma oposição entre contemplação e ação, mas, antes disso, "de uma maneira de viver o tempo"[3], da possibilidade dada a cada homem e a cada mulher de aceder ao seu coração profundo, de realizar atos plenos, portadores de "ser".

Marta encontra-se em posição de rivalidade com sua irmã Maria, que, segundo pensa, tem aquilo que ela gostaria de possuir e é aquilo que gostaria de tornar-se. Marta dá-se conta de que Maria teve a audácia de fazer uma escolha. Acredita que sua irmã tem um relacionamento caloroso, privilegiado com Jesus, que por sua vez a reconhece, a contempla e a aprecia, enquanto ela mesma, Marta, vê-se esquecida, explorada, provavelmente desvalorizada em sua função.

Maria escolheu parar, sentar-se: "ela está centrada em seu ato, como em sua postura corporal"[4]; concede a si mesma um tempo sabático interior, "caiu em si", como o filho pródigo da parábola[5]; reintegrou-se ao seu coração profundo e permite que este se dilate. Redescobre em si o desejo mais autêntico e realiza-o, enfrentando aquilo que possam dizer os outros. Ela é livre, unificada, "escolhe ser escolhida"[6].

---

[3] GLARDON, Thérèse, et al. *Op. cit.,* p. 114.
[4] *Ibid.,* p. 119.
[5] Lc 15,17.
[6] GLARDON, Thérèse, et al. *Op. cit.,* p. 129.

Marta está preocupada, dispersa num transbordar de atividades. Age sob a coerção do grupo, por hábito, por automatismo. É escrava do olhar dos outros, de sua reputação de dona de casa. Como o filho mais velho da parábola[7], ela se endurece e se resseca em seu dever, do qual o desejo desaparece, imerso no que os outros pensam ou esperam dela, na autoimagem idealizada que fabricou para si. Marta não sabe mais viver a gratuidade, acolher o imprevisto, gastar tempo em escutar seus desejos essenciais, deixar-se olhar, amar, receber a graça libertadora, a abundância dos dons de Deus. Sempre como o filho mais velho da parábola[8], nunca ousou pedir para si mesma um cabrito, a fim de festejar com os amigos. Está alienada, dividida; estando ali, desejaria estar em outro lugar. Tem ciúme do que a outra possui, em vez de edificar-se a partir da sua própria identidade. Vive a amargura de uma psique não convertida. É frustrada, sem saber por quê. Ignora que sufoca sua aspiração a ser e a viver sua inteireza[9]; distancia-se desse modo da "boa parte" que está em si. O seu existir situa-se na ordem do "fazer".

"Essas duas mulheres estão em nós (…) e, cada dia (…) essas duas almas disputam entre si, no interior de meu ser, confrontam-se, contradizem-se, e a cada instante posso optar por uma delas…"[10] Jesus escuta e acolhe a queixa de Marta na forma como ela se exprime; mas não intervém junto a Maria, como Marta lhe pede. Marta gostaria de ver retirada de Maria a boa parte, da qual ela mesma se priva.

Como sempre Jesus se reporta à pessoa. Chama Marta duas vezes pelo nome, com uma infinita ternura, como que para lhe permitir não se identificar mais com a sua função, mas encaminhar-se de volta ao seu "eu", à sua identidade. Lembra--lhe desse modo que também é amada, que é preciosa; quer, no

---

[7] Lc 15,25-32.
[8] Lc 15,29.
[9] BASSET, Lytta. *Op. cit.,* p. 210.
[10] GLARDON, Thérèse, et al. *Op. cit.,* p. 216.

entanto, exprimir também que só a ela cabe escolher a vida — ninguém poderá realizar este ato no lugar dela[11]. Jesus ajuda a trazer à luz a carência essencial de Marta, a sua verdadeira busca, despertando-a para a existência de uma "boa parte", que "não é mais a maior fatia do bolo só para si, mas aquilo que ninguém poderá destruir ou arrebatar-lhe: sua aspiração a ser como uma pessoa inteira"[12].

Fazer-se ao largo[13]

Até agora, ocupamo-nos sobretudo de feridas, de desvios. Vamos, agora, permitir ao Cristo que fortifique nossas zonas vitais e nossa identidade de filhos e filhas de Deus.

É essencial sublinhar-se que Deus nos restaura pelo dom de sua vida, mas também por sua presença e por sua obra nos sacramentos, na vida das comunidades de crentes, na liturgia…

Esses são lugares primordiais de cura, indispensáveis. Não traço aqui senão algumas pistas, sem, no entanto, minimizar as outras realidades da manifestação do amor e da presença de Deus, as quais podemos viver em nossas Igrejas e aprofundar em obras mais específicas.

---

[11] BASSET, Lytta. *Op. cit.*, p. 216.
[12] *Ibid.*, p. 215.
[13] Lc 5,4.

I
A VONTADE DE DEUS

1. Como compreendê-la?

Meu alimento é fazer a vontade daquele que me enviou e consumar a sua obra[1]. *Deus é amor*[2]. É amor por sua criação e amor personalíssimo por cada um. Jesus diz que o seu alimento é fazer a vontade de Deus. É a sua alegria, o motor de sua vida, a finalidade de sua existência. Não pode, então, ser nem pesado nem da ordem do dever. Emerge, na verdade, do desejo, do sopro vital, do relacionamento amoroso daquele que se sabe amado. Fazer a vontade de Deus é um ato de vida. No entanto, essa expressão "vontade de Deus" assusta-nos a maior parte do tempo. Que acontecerá conosco, se decidirmos fazer a vontade de Deus?

Será que Deus vai, talvez, pedir-nos para viver de uma maneira que não corresponda àquilo que somos, que nos ultrapasse completamente, que nos conduza a viver além de nossos limites? Será que nos obrigará a viver um projeto exterior a nós, que talvez não corresponda ao nosso desejo mais profundo? Será que nos vai retirar aquilo em que mais nos apoiamos? Será

---

[1] Jo 4,34.
[2] 1Jo 4,8.

que vamos cair doentes, para aprender a despojar-nos, ou ainda seremos constrangidos a dar todos os nossos bens e viver na pobreza? Além do mais, como conhecer a vontade de Deus? Que inquietude nos traz a ideia de não conseguirmos conhecê-la, de nos enganarmos! Será que nossa vida possui uma única direção possível, a qual teríamos de descobrir? Para muitos, procurar conhecer a vontade de Deus sobre si é um verdadeiro tormento. Ora, o tormento não vem de Deus.

Jesus Cristo diz que o seu desejo é libertar-nos da inquietude, da ansiedade, ensinar-nos a viver na paz, mesmo atravessando situações complicadas e difíceis. A vontade de Deus não pode ser senão simples, clara, acessível a nós. Aquilo que nos pede para viver não está além de nossos meios, nem fora de nosso alcance. Não é necessário subir aos céus ou atravessar os mares para encontrar a vontade de Deus, para escutá-la, para colocá-la em prática[3].

É essencial que esclareçamos a nossa fé, que não continuemos a viver baseados em erros teológicos. A compreensão errônea do que a vontade de Deus é capaz de significar pode acarretar um verdadeiro desastre em nossas vidas.

"O que a Vulgata traduziu por *Voluntas* remonta ao grego *Théléma* ou *Eudokia*." As duas palavras remetem ao hebraico *Rasôn*[4]. "O amor de Deus repousa sobre o povo que ele escolheu para si…" *Serás chamada "minha favorita"*[5]. "Minha favorita" traduz a palavra hebraica que a Vulgata normalmente verte para "vontade". Essa vontade de Deus significa aqui, portanto, a alegria que o Senhor experimenta por causa de seu povo[6]. A palavra mais próxima em português seria "desejo". Assim, o

---

[3] Dt 30,11.
[4] Louf, André. *Seigneur, apprends-nous à prier.* Bruxelas, Lumen Vitae, 1990, p. 43-44.
[5] Is 62,4.
[6] Louf, André. *Op. cit.,* p. 44.

desejo de Deus é que nos tornemos o seu "favorito". E isto imediatamente introduz uma noção de relacionamento pessoal, que tocará nossas aspirações, nossos desejos mais autênticos, nosso impulso de vida.

Há um desígnio, um desejo de Deus sobre o mundo, sobre a humanidade. O plano de Deus concerne à criação inteira e é revelado pelas leis da vida, as grandes leis do Reino. É possível decifrá-lo na Palavra de Deus, na caminhada do povo hebreu, nas dez palavras de vida (os Dez Mandamentos), no ensinamento dos profetas, na vida e na palavra de Jesus. O desígnio de Deus é a vida de todo o ser vivente. Porém, é-nos ensinado que a vida deve ser orientada para a fecundidade; por isso, é plano de Deus que todo ser humano viva do Espírito e pelo Espírito, a fim de cumprir a sua condição de filho e de filha de Deus, assumindo plenamente a sua humanidade.

2. Como fazer a vontade de Deus?

Fazer a vontade de Deus é a resposta pessoal de cada indivíduo ao desígnio divino. Cada ser humano, sendo único, vai manifestar, encarnar o plano de Deus, segundo a sua identidade, de uma maneira inteiramente específica. Ninguém tem a mesma missão de outro; cabe a cada um encontrar a sua maneira pessoal de viver a vontade de Deus. É impossível e inútil fazer comparações entre as missões individuais. Cada um deve procurar e encontrar qual é a sua missão; e esta não pode, em caso algum, assemelhar-se à do vizinho.

Nossos desejos e aspirações

É impossível aprofundar a noção da vontade de Deus sem abordar o âmbito dos desejos, porque a vontade, o desejo de

Deus, não pode em caso algum estar em contradição com os nossos desejos e aspirações mais autênticos. Não poderia ser de outra forma, pois Deus é o criador desses desejos. A partir do momento em que contatamos a autenticidade de nossa natureza humana, tocamos a autenticidade de nosso ser criado por Deus e por ele salvo[7]. Os erros provêm do fato de que muitos consideram a sua própria vontade e a de Deus como contrapostas ou, ainda, como estando de algum modo situadas no mesmo plano, ao passo que a vontade de Deus já está presente na origem e no cerne de seus desejos mais verdadeiros.

O desejo é essencial à vida. No desejo está a vida; extinguindo um, matamos o outro. Não é possível matar, negar ou proibir o desejo, sob pena de tornarmo-nos mortos-vivos. Contudo, também não podemos desejar de tudo, não importa como, sob o pretexto de que o essencial é agradarmos a nós mesmos. Dessa forma, caminhamos para a destruição.

É preciso distinguir a necessidade do desejo. Na necessidade, encontram-se noções de sobrevivência (é necessário comer, dormir, vestir-se para viver), de consumo. O ato de consumir suprime a necessidade. "No homem, portanto, a necessidade nunca é pura necessidade; a necessidade do homem carrega a marca do Espírito."[8] O ser humano é também feito de desejo. Jesus ensina que *o homem não vive somente de pão*[9]. Ele vive de pão e deve estar atento às suas necessidades, mas isso não basta. É chamado a descobrir o sentido de sua vida para além da sobrevivência, sentido que ultrapassa a preocupação da posse. Abre-se, assim, a porta ao desejo. Ao descobrirmos e reordenarmos nosso desejo, vamos passar de uma relação de

---

[7] THÉVENOT, Xavier. Ensino oral.
[8] VASSE, Denis. *Le Temps du désir.* Paris, Éd. du Seuil, 1969, p. 20s., "Du besoin au désir".
[9] Mt 4,4.

consumo (indispensável à vida) a uma relação de comunhão, na qual cada um poderá viver suas diferenças, respeitando as do outro.

Por razões diversas, podemos ter sufocado, extinguido, matado nossos desejos. Podemos tê-lo feito, por exemplo, porque são perigosos ou então porque nos podem levar a correr um risco. Eles podem afogar-nos (é melhor sufocá-los que trazê-los à luz).

Alguns podem ter renunciado aos seus desejos por medo de viver: medo do homem ou da mulher; medo de sua própria agressividade, de sua violência, de ter sucesso, de ser feliz, medo do sofrimento. "Quanto menos invisto num relacionamento, menos sofrerei em caso de separação, de ruptura, de carência, de perda de amor." Pode ser também o medo do risco: "Quanto menos responsabilidades ou iniciativas eu assumir, menos riscos correrei".

Frequentemente pensamos que Deus proíbe o desejo: "Um homem de fé deve fazer a vontade de Deus; portanto, não deve guardar desejos pessoais…" Algumas pessoas chegam até a pensar que o fato de ser plenamente feliz na vida talvez signifique que não realizam a vontade de Deus; ora, isto é uma aberração. Não podemos ser senão felizes, quando vivemos nossa "matiz" interior, aquilo para o que fomos feitos, aquilo que amamos.

Alguns vivem impelidos por desejos que não são os seus próprios: talvez, originalmente os desejos de um dos pais; depois, pouco a pouco, insidiosamente os desejos dos outros. Encontram-se, aí, todas as feridas que provêm de um estado fusional, de dominação, de uma observância coercitiva às regras de certo meio social…

Outros não dão valor algum aos seus próprios desejos: "Contanto que o outro viva e seja feliz, isso basta". Orientam-se, então, para o que acham ser o dom, a preocupação com os outros, quando, na verdade, não sabem mais cuidar de si mesmos, e seu impulso vital extinguiu-se. E é, muitas vezes, a partir de uma ferida infectada que esse hábito é adquirido. Assim, um desequilíbrio passa a existir em seu ser, como uma fonte que nunca consegue jorrar.

Crianças que não foram acolhidas ou desejadas, que foram vítimas de um projeto ou de uma tentativa de aborto, podem recusar a existência, desejar a morte.

Muitos tomaram falsos caminhos para sofrer menos, para não atravessar toda a espessura da vida[10]. Seu desejo orienta--os, então, a uma forma de morte. De fato, temos todos em nós mesmos, ao mesmo tempo, impulsos de morte e entusiasmo pela vida. Nossa tarefa é desenvolver a vida e não nos deixar engolir pelos impulsos de morte.

Certas pessoas exprimem o sofrimento de não possuir nenhum desejo. Mas, o fato de sofrer por isso significa que o impulso de vida não se extinguiu, já que o desejo do desejo ainda existe. Na luz do Espírito, será possível pouco a pouco deixar emergir ou até nomear nossas aspirações e desejos autênticos, iluminá-los. Se são nebulosos ou inexistentes, o desejo de Deus encontra apenas a neblina e o vazio. Se os consideramos como exteriores a nós, vivemos um conflito interior e, pouco a pouco, ressecamo-nos.

A predestinação

Queres ficar curado? Seria impensável que aqueles ou aquelas a quem o Cristo se dirige lhe respondessem com uma outra pergunta: "E tu, que queres? Para mim, pouco importa o que eu queira". É, contudo, o que fazemos frequentemente. Alguns se inquietam tanto em fazer a vontade de Deus que não

---

[10] Ver a parte precedente, p. 66-72.

sabem mais o que querem; não sabem mais como situar o seu desejo pessoal, a sua própria vontade. Deus não pode desejar em nosso lugar. O Senhor não vai escolher, nem decidir e nem viver a nossa vida em nosso lugar. A vontade de Deus não seria capaz, em hipótese alguma, de existir como uma decisão a ser tomada fora de nosso desejo, de nossas fragilidades, de nossos limites, de nossos dons, à qual teríamos de obedecer cegamente. "A vontade de Deus nunca se apresenta ao homem como uma ordem vinda de fora, mesmo do céu."[11]

Pensamos, muitas vezes, que Deus nos quer em tal vida, em tal comunidade, em tal profissão, em tal país, de uma forma prefixada, exata, a qual temos de descobrir e a ela submetermo-nos. Então, pedimos e esperamos sinais. Interpretamo-los, às vezes, de maneira catastrófica e fora de todo bom senso, sem levar em conta aquilo que somos e desejamos viver.

Há realmente um chamado pessoal de Deus, dirigido a cada um; disso não há dúvida: *Fui eu quem vos escolhi*[12], diz Jesus. Porém, este chamado é de algum modo aberto. A resposta de cada um é que será inteiramente específica, pessoal, única, criada e não fixada por antecipação, desde toda a eternidade. "A resposta que daremos a Deus não está inscrita em lugar algum; nem no livro da vida, nem mesmo no coração de Deus, senão como uma esperança daquilo que o Senhor ainda não vê. A essa esperança, vamos dar uma forma e um rosto."[13] "A vontade de Deus não é inicialmente que você escolha isto ou aquilo; é que você escolha por si mesmo, ao fim de uma reflexão leal, liberta de todo o egoísmo e de todo o medo, a maneira mais fecunda e mais feliz de realizar a sua vida, levando em conta o que você

---

[11] THÉVENOT, Xavier. Ensino oral.
[12] Jo 15,16.
[13] RONDET, Michel. "Dieu a-t-il sur chacun de nous une volonté particulière?", *L'accompagnement spirituel*, revista *Christus*, número especial, 1992.

é, o seu passado, a sua história, os encontros que já teve (...) que resposta pessoal você pode dar aos apelos que percebeu no Evangelho?"[14]

Ajustar nossos desejos em Deus[15]

Conduzidos pelo Espírito é que poderemos fazer emergir os nossos desejos mais profundos. Em seguida, porém, teremos de viver um ato essencial: pedir ao Espírito de Cristo que nos ajude a purificar, a orientar, a ordenar nossos desejos; a reconhecer se são verdadeiramente conformes à mensagem, à vida de Cristo, à *Palavra que sai da boca de Deus*[16]. Os desejos vêm do mais profundo de nosso ser; contudo, nessa altura do trajeto, importa deixar ao Espírito toda a liberdade para operar; importa aprender a escutar, a ser dócil. As duas grandes tentações serão as de recair na imagem do Deus perverso, com todas as consequências que isso acarreta, as tentações de chamar vontade de Deus a todos os nossos desejos não purificados. Sejamos muito atentos quanto a este último ponto.

Além do mais, nesse dinamismo do Espírito que é movimento e relação, não é de maneira isolada que consideraremos nossas aspirações essenciais; deveremos relacioná-las não apenas às nossas realidades pessoais (nossos limites, nossa situação familiar, nossos dons, os acontecimentos), mas também às reali-

---

[14] *Ibid.,* p. 181-182.
[15] O problema da relação entre o desejo e a lei, o desejo e a proibição, é evidentemente muito importante. Sobre isso, ver THÉVENOT, Xavier, *Souffrance, bonheur, éthique.* Mulhouse, Salvator, p. 76-81. Remeto o leitor da mesma forma ao documento de trabalho escrito por LAURENT, Marie-Madeleine e DE BETTIGNIES, Dominique, que trata esse tema de maneira aprofundada, a partir da parábola do filho pródigo: *"Levantar--me-ei, portanto, e irei a meu pai".* O encontro com o pai: o desejo e a proibição.
[16] Mt 4,4.

dades externas que poderíamos chamar de "lugares teológicos". São estes os lugares onde se vive a presença de Deus: a palavra, a Escritura, a liturgia (que recapitula a lei de nossa fé, da oração), o serviço e a vida da comunidade dos crentes, a humanidade sofredora, o serviço do próximo, o relacionamento com o meio ambiente e com o cosmos[17].

Durante esse trajeto, alimentar-nos-emos do pão da vida; colocar-nos-emos diante da vida e da palavra de Jesus Cristo; levaremos o tempo necessário para deixarmo-nos penetrar pelo o que ele diz.

Jesus viveu com alegria a vontade do Pai. Ele manifesta o que pode tornar-se a vida de um ser humano quando escolhe viver, realmente, sua condição de filho ou filha de Deus; quando escolhe ajustar seus próprios desejos mais autênticos ao desejo de Deus, desenvolvendo sua liberdade interior na escuta, na inspiração, na docilidade, na justa colaboração com a vida do Espírito. É uma maneira de ser que renova completamente o relacionamento de servo, dando-lhe uma qualidade particular: transforma-o num relacionamento de amigo. Pois aquele que tem o seu coração disposto a viver o desejo de Deus torna-se amigo de Cristo[18]. Torna-se criativo, vivo, responsável, guardando sempre um ouvido de discípulo[19].

3. Armadilhas

O medo de enganar-se

Algumas pessoas têm tanto medo de enganar-se, de não fazer a vontade de Deus, que se tornam medrosas, covardes. Não

---
[17] THÉVENOT, Xavier. Comunicação oral.
[18] Jo 15,14.
[19] Is 50,4-5.

ousam tomar iniciativa alguma; vivem na espera permanente de que a vontade de Deus lhes seja manifestada de maneira fragorosa, instalando-se, assim, numa forma de medo, de falsa submissão. Contudo, é a vontade delas que vai colocar em ação a vontade de Deus. É preciso que encontrem um justo equilíbrio entre a iniciativa, a audácia, a criatividade e a docilidade ao Espírito. Isso aprende-se, experimenta-se. Outras pessoas não são capazes de suportar a angústia de certa dúvida e gostariam de ter a segurança absoluta de que estão fundados sobre a vontade de Deus.

No momento de tomar grandes decisões, é indispensável procurar ajuda, sabendo, todavia, que uma pessoa não pode discernir por outra e que cabe a cada um discernir o seu próprio caminho. Há sempre o risco do engano; por isso, é essencial tentar tomar uma decisão baseada nas condições de um verdadeiro discernimento no Espírito[20], especialmente recorrendo-se à ajuda de alguém seguro. Se permanecemos disponíveis, podemos ter certeza de que a sabedoria e o amor de Deus nos colocarão na trilha certa. Pensamos, às vezes, que temos medo de enganar-nos, enquanto no fundo ainda não estamos verdadeiramente decididos a *fazer tudo o que ele nos disser*[21]. E nosso mal-estar vem frequentemente de nossa resistência às indicações do Espírito. A maior parte do tempo, para sermos pacificados, basta entrarmos numa docilidade de coração.

Lembremo-nos, de igual modo, que nada é absolutamente puro em nós. Nossas motivações são necessariamente coloridas por nossa história, nossa psicologia. Essa é uma

---

[20] Há livros e formações específicas para essa vida no Espírito, que se apresenta como "formação para o discernimento", que nos ensinam a distinguir em nós os movimentos que vêm de nosso corpo, de nossa psique ou do Espírito. Essa formação é indispensável para nos estruturar, adquirindo noções claras da vida no Espírito, livres das várias armadilhas possíveis.
[21] Jo 2,5.

das formas de negar seus limites, antes de perseguir uma retidão total, é querer estar seguros de que o que se vive vem única e exclusivamente de Deus. É quase impossível discernir exatamente qual é a parte de Deus e qual a parte do ser humano. Trata-se de nossa condição humana; vivamo-la na paz do coração.

Pensar que o passado está apagado ou que não tem valor é falso e destrutivo: são nossas vivências passadas que nos permitem dar o passo de hoje. Esse processo é normalmente lento, mas o tempo faz parte dos limites que é preciso aceitar. Esta tomada de consciência é ocasião de purificar a orientação de nossa vida. A maior parte do tempo, renovamos a escolha dessa orientação com maior humildade e menos paixão. Ela torna-se, então, mais verdadeira, mais viva.

Colocarmos em ressonância nosso desejo com o desejo de Deus é algo que se deve viver bem, tanto nas grandes decisões tomadas que orientarão nosso futuro, quanto no correr do dia a dia. Eis o modo de viver dos servos do Reino, daqueles e daquelas que entraram num relacionamento singular e pessoal com o Pai, com o Filho e com o Espírito Santo.

A depreciação do presente

Desejar o presente é uma maneira maravilhosa de viver a vontade de Deus. É uma profunda mudança de olhar, um ato interior consciente, preciso, uma espécie de conversão do coração, que nos faz passar de um nível a outro, que nos permite sair pouco a pouco da divisão e da fuga. O cotidiano retoma todo o seu sentido. Trata-se, na verdade, de introduzir a escolha, o amor em todos os nossos atos em vez de vivê-los maquinalmente, por obrigação, por hábito. Escolhamos estar onde estamos, desejemos aquilo que fazemos, mudemos a disposição de nosso coração. Isso permite-nos não mais agirmos com o pensamento preso a outra coisa ou desejando estar em outro lugar. Encontramos aqui todas as nossas formas de fuga: se... quando... outro lugar... O presente pode ser fecundo ou estéril, conforme o modo pelo qual o vivemos. Sem que as circunstâncias mudem, segundo a disposição de nosso coração, pode ser fechamento ou plenitude. Isso não significa deixarmos de trazer, em alguns casos, mudanças às nossas vidas, mudanças talvez importantes. Mas em todos os casos, o primeiro passo é escolher viver nosso presente, qualquer que seja.

Cada instante é o momento favorável. Cada dia é o dia da salvação. O instante presente nunca voltará. Por que esperar para viver de forma plena, para viver feliz, com esta alegria da qual o Cristo nos fala?[22] Por que esperar para viver o amor em lugar distinto daquele em que nos encontramos? Por que adiar até amanhã? Onde procurar, senão no aqui e no agora, esta presença de vida? Às vezes, nada há de ser mudado no presente. Trata-se simplesmente de possuir uma outra disposição de coração.

Adquirir o equilíbrio necessário, decidir nossos atos deixando que sejam inspirados pelo Espírito, liberta-nos da agitação e do ativismo. Já não se trata mais de coerção: a vontade torna-se vivificada e nosso cotidiano pode tornar-se ocasião de um exercício permanente. Nossos atos são plenos, todo o nosso ser está neles implicado, pois a vontade tem, então, o desejo como fundamento. "Não temos tempo" é o álibi costumeiro. Jesus nunca ficou assoberbado ou estressado ao longo de sua vida pública, embora, na verdade, não tivesse nem tempo para comer. Isso porque estava pacificado, unificado em seu desejo, vivendo em plenitude o momento presente, na graça de Deus e no amor *(ágape)*.

---

[22] Jo 16,22.

Noêmia é educadora, professora de um jardim de infância. Conta com muita tristeza, durante uma conversa de acompanhamento, que a sua vida não tem sentido, que fora de sua profissão não possui serviço algum que possa ser útil para o Reino, que não sabe como utilizar seu tempo para servir a Deus. Quando perguntamos sobre o que ela vive, responde amar intensamente a sua profissão. A ela doa-se completamente. Ocupa-se de crianças oriundas de ambientes desfavorecidos e tem consciência de poder ajudá-las, de poder abrir-lhes o caminho para muitas coisas. Promove encontro com os pais; segue um aprofundamento em sua formação, para tornar-se mais competente. Mas passando por tudo isso, diz que não sabe como servir a Deus. Permanece na espera, numa frustração permanente. Ajudamo-la, então, a conscientizar-se de que vive fundada sobre uma noção completamente errônea da vontade de Deus. Decide, então, mudar seu olhar. Começa a receber seu trabalho das mãos do Pai, como um ministério; seu ofício torna-se sua missão no Reino. Escolhe vivê-lo dia após dia, colaborando com o Espírito e contemplando a obra de Deus realizar-se como uma semente de amor semeada no coração das crianças. Noêmia, agora, vive em ação de graças, satisfeita, tendo parado completamente de atormentar-se.

André está inserido num meio profissional extremamente criativo, de muita ação e movimento. Seus colegas de trabalho são generosos, mas com uma vida bastante desordenada. André é o único cristão do grupo. Passa o seu tempo a pensar consigo que deveria abandonar tudo para percorrer as estradas, anunciando o Evangelho: "Aí, pelo menos, teria uma missão essencial". Acha também que se estivesse num outro contexto profissional menos exigente, teria tempo para servir a Deus. Vive dividido: ficar, partir... Mas partir para onde? Nunca consegue decidir-se; mas de repente compreende que deve doar-se completamente lá onde está, sem esperar. André está pronto tanto para ficar, quanto para partir; contudo, como no momento está nesse grupo, decide deixar-se interiormente disponível, estando presente de forma total à sua realidade. Seu olhar sofre mudança completa. Aqueles que o cercam tornam-se carne de sua carne, enquanto ele próprio torna-se atento a cada um. E em vez de atormentar--se, buscando como falar de Cristo, pede ao Espírito que lhe ensine a anunciar a mensagem do Evangelho num meio em que quase não se pode falar de Deus. É-lhe dada uma palavra nova; abre-se todo um campo de experiências. André compreende, pouco a pouco, como pode abrir trilhas e portas; compreende de que modo pode trazer à tona questões essenciais, de que modo pode escutar. Não pensa mais em partir; sua missão é onde está e consagra-lhe todo o seu ser.

A vontade de Deus nos acontecimentos

Como viver um acontecimento que não é conforme a vontade de Deus, que é impossível desejar? Tudo que é ocasionado pelo pecado, o nosso ou o dos outros, pela guerra, pela doença, pelas discórdias não é querido por Deus. A vontade de Deus não é que esses acontecimentos ocorram; porém, vai exprimir--se segundo a maneira com que somos chamados a assumir, no Espírito, essas circunstâncias. É assim que o mundo será humanizado, assim será construído o que pode ser construído.

Os servidores de Deus, os profetas, assim como Jesus e seus pais, viveram tempos de felicidade, mas também acontecimentos graves, perigosos, ameaçadores, provenientes da indiferença, da crueldade, da intolerância daqueles que os cercavam, não de Deus. Imaginamos, a maior parte do tempo, que a vontade de Deus era-lhes manifestada de forma perfeitamente clara, imediata, sem deixar margem à hesitação. É muito provável que eles tenham hesitado, rezado para escutar o que o Pai lhes dizia através dos acontecimentos, a fim de se deixarem guiar passo a passo; para que o provável absurdo ou a provável catástrofe produzisse um fruto de vida. Esses servidores ensinam-nos como viver em Deus um acontecimento que não é conforme à vontade divina. A condenação e a morte de Jesus obrigam-nos a confrontar, sem escapatória possível, nossa concepção da vontade divina. Ao abandonarmos a noção de um Deus perverso, estaremos muito mais livres para contemplar a maneira pela qual Jesus viveu esses fatos que, em si mesmos, não eram queridos por Deus.

A Escritura diz-nos que *Jesus passa, nessa hora, deste mundo ao Pai*[23]; isto é, vai viver o acontecimento de sua Paixão não segundo o espírito do mundo (o desespero, a revolta, a vingança, o revide dente por dente, colocando-se no mesmo nível do adversário), mas segundo o Espírito do Deus vivo. Isto quer dizer que viverá a circunstância na dor, mas ao mesmo tempo no perdão, na abertura do coração, no relacionamento com o Pai que o acompanha nesse trajeto de soledade, de abandono. Jesus introduz o amor no coração do ódio que o cerca. Somos também chamados a "passar deste mundo ao Pai", não apenas no momento de nossa morte, mas no cotidiano, cada vez que nos confrontamos com o mal (que nunca poderia vir de Deus). Se o vivemos assim, a força de destruição e de morte que ele carrega será transformada; sobrevirá nesse instante uma forma de ressurreição. A vida brotará da morte.

De um modo muito simples, podemos afirmar que fazer a vontade de Deus consiste em aprender a viver o menor de nossos atos na luz do Espírito. É preciso reconhecer que, com muita frequência, embora rezemos ao Espírito pedindo para que nos esclareça, assim que nossa oração termina, retomamos nosso estilo de vida habitual. Não sabemos abrir tudo que vivemos à inspiração do Espírito: nossos atos; o tempo para falar, o tempo para calar, o modo de viver um conflito, um relacionamento, de

---

[23] Jo 13,1.

tomar decisões, de elaborar um projeto. Consultemo-lo, permitamo-lhe que se manifeste, demo-lhe uma chance de exprimir-se e de ser escutado. Isto supõe saber silenciar para escutar, para deixar-se ensinar pela sabedoria de Deus.

Essa vida no Espírito deveria ser vivida de maneira natural, flexível, sem tensão. Contudo, este processo nada tem a ver com a introspecção ou com a observação excessiva de si mesmo. Supõe, em vez disso, que estejamos prontos a viver uma forma de desapego de nossas ideias, a partir do instante em que as tivermos trazido à luz. Não se trata de pedir ao Espírito a confirmação do que pensamos ou planejamos, mas de fazer tábula rasa de toda ideia preconcebida, mesmo se parece excelente; trata-se de deixar uma área deserta, um espaço em branco, um vácuo, a fim de que o Espírito esteja livre para manifestar-se, inspirando-nos uma direção, talvez, completamente inesperada.

4. A consagração do coração

Muitos foram pacificados em sua busca da vontade de Deus ao viver o que se poderia chamar de a consagração do coração. A partir daí, tais pessoas têm de alguma forma a certeza de que o seu desejo essencial, a sua vontade profunda é a de viver bem o desejo de Deus. A consagração do nosso coração a Deus perdura mesmo através da transitoriedade das circunstâncias. É inteiramente possível vivê-la, mesmo se estamos na confusão ou na desordem, se ainda não descobrimos o sentido de nossa vida, nem a natureza de nosso serviço.

Pode ocorrer-nos a saída de um grupo, de termos de deixar uma forma de dom vivida durante anos. Esta partida pode ser imposta pelas circunstâncias, pode significar um movimento de vida, se havíamos feito uma má escolha, ou pode também ser uma infidelidade à boa direção tomada no início. Pouco importa: nesse momento, podemos viver essa consagração do coração que nos vai pacificar, ancorando-nos no essencial. Quantas oscilações, esperas, dúvidas seriam evitadas, se vivêssemos totalmente nesse movimento de alma. Se tal consagração é feita a cada dia, a forma de fazermos a vontade de Deus não deixará de ser encontrada, quase sem esforço de nossa parte. Não é necessário esperarmos estar em perfeito estado, livres da maior parte de nossos problemas para vivê-la. Jesus escolheu seus discípulos no estado em que se achavam: alguns pouquíssimos esclarecidos, outros fraudadores, não muito honestos...

A consagração do coração é um ato de uma absoluta retidão em nosso relacionamento com Deus. Cada ser humano é chamado a vivê-la um dia. É possível que existam partes inteiras de nossas vidas que não possamos oferecer; que isto não nos detenha. Certas pessoas, para poderem dar-se a Deus, esperam tornar-se capazes de abandonar seus bens, de deixar tudo, de serem perfeitas, de ultrapassar essa ou aquela enorme dificuldade, retardando, assim, indefinidamente o ato de consagração. Jesus nunca desanimou seus discípulos; pelo contrário, sempre os amou e os encorajou na caminhada. Deus acompanha os homens em seus caminhos tortos, e qualquer que seja o erro ou a falta cometida, podemos oferecer-nos a ele sem reservas.

Esse é um ato pessoal, íntimo, a ser vivido no coração profundo, na oração.

Realizada a consagração, há um antes e um depois. Antes, há o questionamento angustiado, no qual o risco é de perguntar-se sem descanso qual é a vontade de Deus. Depois, a paz do coração instala-se, vive-se apenas o essencial. O resto virá sem nenhuma dúvida. O objetivo de nossa vida agora é o de encarnar, à nossa maneira, o desígnio de Deus sobre a criação, a partir do que somos, do que podemos viver. É como se a responsabilidade de nosso caminho houvesse sido confiada ao Pai: por esse ato realizado no coração profundo, tornamo-nos servidores do Reino. Mesmo se ainda não sabemos de que maneira iremos servir, pedimos ao Espírito que tome a iniciativa e permitimos que ele o faça. É uma aliança com Deus, um pacto.

Comprometamo-nos a não mais vivermos sós, entregues às nossas próprias forças, como órfãos[24]; ao contrário, vivamos guiados pela Palavra, consultando o Espírito. Entregamos, assim, nossa vida a Deus, prontos a tudo que a faça produzir frutos. Algumas pessoas talvez não saibam para que servem suas vidas, mas o caminho está aberto: sem dúvida serão esclarecidas. Viver esse ato é uma alegria profundíssima. É uma felicidade acordar cada dia com essa certeza: "Encontrei a finalidade da minha vida; sou consagrado a Deus". Quer sejamos casados, celibatários, à espera ou entre dois estados, esse ato é fundamental. Muitos daqueles que mudaram de direcionamento, muitas vezes após dificuldades, fracassos, rejeições, abandonos, encontram-se desestabilizados, em busca de um novo modo de vida. Às vezes, basta que retornem a uma consagração dessa espécie para encontrarem a paz; pois tal oferta vem confirmar o primeiro dom, sem que seja necessário encarná-lo numa forma particular.

---

[24] Jo 14,18.

II
O ATO DE FÉ, A SÚPLICA ATENDIDA

1. A especificidade de nossa fé nessa caminhada

Os caminhos de evangelização de nossas profundezas estão fundados sobre uma fé viva, que parte da Palavra, da presença de Deus. Nessa abordagem da fé, aproximar-nos-emos de algumas pistas que nos guiam mais particularmente neste trajeto. Primeiro, questionemo-nos sobre a especificidade de nossa fé nessa caminhada. Tal fé poderia traduzir-se essencialmente assim: *Sai de tua terra (...) para a terra que te mostrarei (...) te abençoarei (...)*[1]: parte em direção a ti, à tua terra interior, às tuas raízes, ao teu "ego"; eu estou contigo.

Volta à terra de teus pais, à tua pátria, que estarei contigo[2] (palavra do Eterno a Jacó). Volta à tua história, assume o teu passado. Eu estarei contigo. Não estás só para viver esse caminho, sou eu quem te convido, quem te chamo. Vou guiar-te, envolver-te e restaurar-te. Tem confiança, põe-te a caminho. *Este é o meu Filho, o meu amado*[3]. Nunca estou só, diz Jesus. Não sois órfãos todos vós. *Quem me enviou, está comigo. Não me*

---

[1] Gn 12,1-2.
[2] Gn 31,3.
[3] Mt 3,17.

deixou sozinho[4]. *Não temas e nem te apavores, pois o Senhor teu Deus estará contigo por onde quer que andes*[5]. *O Filho do Homem veio procurar e salvar o que estava perdido*[6], aquilo que em nós há de mais confuso, de mais caótico, de mais doloroso, de mais revoltado.

Chega um momento em nossa vida em que temos de dar um passo decisivo nessa qualidade da fé, na confiança. Cessemos de oscilar, de hesitar na fé; enraizemo-nos na certeza em vez de flutuar na incerteza[7]. De fato, somos chamados a fazer um ato de amor em resposta a um outro ato de amor. Para compreendê--lo, é indispensável não mais assimilar o amor à afetividade, aos sentimentos, e a fé a uma sensação emocional.

A fé é a ponte entre Deus e a nossa vida; e Jesus pede que definamos um ato de fé: *Crê somente*[8]. *Seja feito segundo tua fé*[9]. *Tua fé te salvou*[10].

Muito frequentemente em nossa vida, só é possível ancorar--se na confiança após um período de combate espiritual, e isto é comum. Muitos encontram em si mesmos obstáculos que lhes parecem insuperáveis e que provêm, na maior parte do tempo, das feridas mal vividas no passado, as quais podem haver deixado más consequências em sua fé. Tudo isso requer ser examinado de perto num acompanhamento de cura interior, num acompanhamento espiritual.

No entanto, não é possível resignar-se a viver uma fé vacilante, morta, adormecida, não integrada à vida concreta. É certo que, devido a essa não vivência da fé, muitos dos dons de Deus se perdem.

---

[4] Jo 8,29.
[5] Js 1,9.
[6] Lc 19,10.
[7] JANTON, Pierre. *Cette violence d'abandon qu'est la prière*. Paris, Desclée, 1982, p. 43.
[8] Lc 8,50.
[9] Mt 8,13.
[10] Mt 9,22; Lc 7,50; 17,19.

2. Atendimento das preces — obstáculos e armadilhas

Onde situaremos o atendimento das preces nesses caminhos de evangelização das profundezas? Partamos da Palavra de Jesus: *Tudo que pedirdes ao rezar, crede que o recebereis e vos será dado*[11]. *Se creres, verás*[12]. *Eu, o Senhor, falei e farei*[13].

Estamos alertas sobre os perigos da busca de uma cura imediata, mágica; todavia, eis o que nos diz a Palavra de Deus. Como vivê-la?

O primeiro obstáculo evidentemente é a falta de fé. *Geração incrédula*, diz Jesus a seus discípulos, que acabam de fracassar numa tentativa de curar um menino[14]. Fracassastes, *por causa da fraqueza de vossa fé*[15], diz-lhes. Entretanto, tudo vai depender do pedido e da forma de resposta esperada. Muitos desejam uma cura imediata daquilo que os atormenta, pedindo-a com força e insistência. Porém, é verdade que muitas vezes tais pessoas pedem, com menos insistência, a evangelização, a conversão de suas profundezas; e isto dá-se frequentemente pela ignorância dos caminhos possíveis. *Buscai, em primeiro lugar, o Reino*, diz Jesus, *e todas estas coisas vos serão acrescentadas*[16]. Esta é uma lei de vida fundamental. Ora, na maior parte do tempo, as pessoas buscam o resto, o que deve ser dado por acréscimo, deixando de lado, por completo, o Reino. Elas esperam, de todo o seu coração, que Deus intervirá sem que haja necessidade de um exame de consciência, de uma conversão.

Com muita frequência, não escutamos a resposta que nos é dada, porque esperamos outra coisa. "São Paulo não é atendido

---

[11] Mc 11,24.
[12] Jo 11,40.
[13] Ez 17,24; 36,36.
[14] Mt 17,17.
[15] Mt 17,20.
[16] Mt 6,33.

em seu pedido, mas obtém uma resposta"[17]. E seu caminho de conversão realiza-se não na libertação pedida, mas numa maneira nova de viver a sua dificuldade, permanecendo na presença de Deus. Caso se houvesse apegado ao exato pedido formulado, teria passado ao largo da resposta. É indispensável tornar-se flexível para escutar o Espírito. Na medida em que nos fixamos numa forma específica de cura, corremos o risco de ficarmos à margem do caminho que o Espírito nos propõe. Cremos não termos sido atendidos, enquanto que, na verdade, tudo nos é dado, embora não da forma que esperávamos. Caim, cuja oferta não é aceita por Deus, ao contrário da oferta de Abel, não é atendido como esperava. Contudo, Deus lhe fala, interpela-o, como se procurasse fazê-lo compreender que teria algo a tirar ao atravessar essa prova. Mas Caim não escuta: ele está fora de si, perdido em seu ódio, em seu despeito, na incompreensão daquilo que lhe ocorre. Não escuta a voz de sua psique; mata seu irmão e passa ao largo do caminho de conversão[18].

Às vezes, ainda, colocamo-nos num estado interior de espera, em vez de aprofundarmo-nos na fé. Por que esperar para viver de verdade a fé? Por que retardar indefinidamente o mergulho na confiança? Esperamos a vinda de Deus, enquanto é Deus quem nos espera.

Genoveva conta: "Esta manhã, fui rezar. Minha primeira palavra foi: 'Senhor, eu te espero'. E escutei, em alguma parte de mim: 'Mas sou Eu que te espero'".

É bom tomar consciência desse movimento essencial: é Deus que toma a iniciativa de descer em direção ao ser humano;

---

[17] JANTON, Pierre. *Op. cit.*, p. 53.
[18] Gn 4,3-12.

o homem recebe-o e responde-lhe. O pai do filho pródigo[19] vigia, espera por ele, corre ao seu encontro, lança-se ao seu pescoço e abraça-o por longo tempo. Sem querer fazer nenhum antropomorfismo, é-nos possível imaginar, no caminho de volta, Deus que espera, com os braços abertos, que espreita a nossa chegada, que corre ao nosso encontro...? Por que e como conseguimos privar-nos do dom de Deus? De algum modo, a espera deve permanecer em aberto. Ora, muitos, mesmo inconscientemente, esperam que *alguma* coisa aconteça, uma experiência, uma emoção, um sinal, uma manifestação; e, se o que esperam não se produz, permanecem no limiar da fé, perseguindo sua busca ilusória.

O ato de fé é vivido no coração profundo, o qual nos é dado para vivermos e compreendermos as coisas de Deus. A fé constrói-se, cultiva-se; e o cotidiano é o lugar de fazê-lo. Mas convém permanecer alerta, para não se deixar invadir, de novo, pela dúvida ou pelo sentimento de impotência.

No que concerne a graça, vivemos frequentemente o mesmo processo de espera. Muitas pessoas esquecem de pedir a graça ou, então, pedem a graça e esperam. Como pensam que nada acontece, recomeçam a pedir e a esperar; e isso pode durar muito tempo. Contudo, a graça é sempre concedida. Ela é o pão dos filhos de Deus, responde às suas necessidades, renova suas forças e jamais lhes falta. Porém, muitas vezes, não sabemos reconhecer que a graça nos é dada. Não cremos nela e não realizamos o ato de fé que nos vai permitir apossar-nos desse dom; esperamos sempre algo que vai chegar e deixamos que a graça passe. Na medida em que pedimos a graça de viver qualquer transição no Espírito, na força do Espírito, conforme as moções do Espírito, a graça não nos pode faltar. É a Palavra de Cristo: *Pedi e recebereis; buscai e achareis; batei e vos abrirão*[20]. *Sim, todo*

---

[19] Lc 15,20.
[20] Lc 11,9.

o que pede, recebe; o que busca, acha (...) quem de vós, sendo pai, se o filho lhe pedir um peixe, em vez do peixe lhe dará uma serpente?[21] É um pouco como o movimento daquele que abre a porta ao Cristo que bate: suplicamo-lhe que entre, enquanto ele já está lá, esperando que o deixemos entrar.

3. A ferida curada

Somos atendidos a cada etapa da caminhada, mas talvez não temos verdadeira consciência disso. Somos atendidos, quando nos é dado poder abrir-nos ao Espírito e receber a Visitação do Cristo. A partir do momento em que reconhecemos que somos cegos e pedimos a Deus que nos cure a cegueira, somos atendidos. *Que queres que te faça? Senhor, que possa ver novamente.* Jesus lhe disse: *Vê! Tua fé te salvou*[22].

Quando o Espírito nos concede escutar a Palavra em seu sentido verdadeiro; quando, em sua força, somos capazes de fazer uma escolha, de renunciar à transgressão para escolher a vida, somos ainda atendidos. Em todas essas circunstâncias, o atendimento às nossas preces consiste na liberdade reencontrada. Não estamos mais presos; nossa liberdade leva-nos de novo a caminhar.

A cura não significa que nossa liberdade se torne inteira; contudo, torna-se possível erguermo-nos e darmos um passo: aquele que hoje está ao nosso alcance. Cabe a cada um deixar-se guiar, para descobrir esse passo de liberdade que pode viver no tempo presente.

Mais uma vez, é preciso aceitar profundamente os seus limites, sair do tudo ou nada. Acolher, com um coração pacificado,

---
[21] Lc 11,10-11.
[22] Lc 18,41-42.

certos *handicaps*, certas fragilidades que jamais desaparecerão, é, sem dúvida alguma, um ato de liberdade.

O alcance de uma graça situa-se, igualmente, na raiz da ferida que é curada. Mas situa-se também na realidade concreta, desdobrando-se pouco a pouco nos comportamentos, vivificando toda a seiva.

A infecção desapareceu, porque renunciamos ao caminho de morte que era a sua fonte, escolhendo um caminho de vida. Foi plantada uma boa semente numa terra sã; ela vai brotar, segundo o seu ritmo, e tornar-se tronco, galhos, folhas, frutos, curando aos poucos todo o nosso ser. O caminho de reestruturação, de restauração da psique e do corpo vai ser vivido paulatinamente, com o tempo. Talvez, guardemos cicatrizes, buracos, bossas, fragilidades, certos *handicaps* físicos, pois vivemos a encarnação. Isso não significa que tais limites façam ainda parte da transgressão; não esqueçamos que Jesus, o próprio Cristo, ressuscitou, guardando a marca de suas chagas, de suas cicatrizes[23]. Mas vivamos tudo isso na liberdade interior, de pé, vivos, como filhos e filhas de Deus.

---
[23] Jo 20,27.

III
A PALAVRA DE REESTRUTURAÇÃO

1. A proximidade e as funções da Palavra de Deus

Cada Palavra de Deus, cada passagem da Escritura confronta o homem com uma nova maneira de pensar e de viver; leva-o a adquirir um novo olhar, a enxergar em outras direções diferentes daquelas que havia escolhido. *Se permanecerdes em minha palavra, (...) conhecereis a verdade e a verdade vos libertará*[1]. Se *vós* conhecerdes a verdade, diz Jesus, e não se *eu* a conheço. Conhecer a verdade sempre nos compromete pessoalmente.

Ninguém conhecerá, de fato, a verdade, isolando-se num saber livresco ou puramente intelectual. É um trajeto no qual o coração profundo estará implicado de forma integral, pois é nele que a Palavra vai ser acolhida, recebida, guardada. *Como a chuva e a neve descem do céu, e para lá não voltam, sem terem regado a terra, tornando-a fértil e produtiva, dando semente ao semeador e pão ao que come, assim acontece com a palavra que sai de minha boca: não torna a mim sem fruto*[2]. Se amamos a Palavra, ela permanecerá em nós.

---
[1] Jo 8,31-32.
[2] Is 55,10-11.

A Palavra revela-nos as grandes leis basilares da vida. É conhecendo e compreendendo o sentido profundo dessas leis de vida que cada um esclarece a maneira pela qual tomou falsos caminhos. Na escuta dessa Palavra, o olhar e o entendimento se modificarão. Abandonamos nossa sabedoria, para acolher a sabedoria de Deus. A Palavra concede-nos outra saída, mostra-nos outra direção além da rota escolhida para evitar assumir nossas dores.

A Palavra é também um chamado, um convite vigoroso para colocarmo-nos de pé, para abandonarmos nossos fechamentos a fim de tomarmos um caminho de vida. *Levanta-te, toma o teu leito e anda*[3]. *Lázaro, vem para fora*[4], deixa teu túmulo, tua morada de morte. *Queres ficar curado?*[5] Não fique no túmulo, *Ele não está aqui*[6]. *Por que procurais entre os mortos quem está vivo?*[7]

Enfim, a Palavra de Deus restituirá o tecido psíquico estragado. Será, então, possível receber uma palavra de reestruturação, que é diversa daquela que impele a nossa caminhada. Essa é "uma referência fundamental da verdade"[8]. Introduz em nós um dinamismo de vida que nos faz sair do fechamento. É alimento novo e revigorante. Perscruta-nos, torna-se viva; a Palavra é para nós. Cura-nos exatamente onde estamos doentes. Essa Palavra vai alimentar nossa vontade, levando-nos a ter de ingerir um alimento que nos era desconhecido. Graças a ela, paulatinamente, nossos antigos alicerces serão substituídos por outros novos.

---

[3] Jo 5,8.
[4] Jo 11,43.
[5] Jo 5,6.
[6] Mt 28,6.
[7] Lc 24,5.
[8] THÉVENOT, Xavier. Comunicação pessoal.

Não vamos mais obedecer aos movimentos psíquicos, frágeis e imaturos, mas à Palavra de verdade.

Como lutar contra as trevas e as mentiras, senão introduzindo nelas a luz, a verdade? A melhor maneira de eliminar o antigo é viver o novo. A única maneira de lutar contra as trevas, de sair de uma palavra de mentira é substituí-la por uma Palavra de verdade. Se sabemos acolhê-la, a verdade lançará raízes sólidas, como uma *árvore, de sorte que as aves do céu vêm aninhar-se em seus ramos*[9]. *Tenho para comer um alimento que não conheceis*[10], diz Jesus.

Nesse ponto da caminhada, compreendemos melhor a diferença entre as técnicas psicológicas (que têm todo o seu valor e são, às vezes, indispensáveis) e os caminhos de evangelização das profundezas, nos quais Deus vai restaurar-nos pela sua Palavra. A Palavra vai tecer, reconstituir, regenerar, recriar nossa psique e nossa psique maltratada. *Pois a Palavra de Deus é viva, eficaz e mais penetrante do que qualquer espada de dois gumes. Penetra até dividir alma e espírito, as junturas e a medula*[11]. A Palavra cria: *Faça-se a luz, e a luz se fez*[12]. *Faça-se em mim segundo a tua palavra*[13]. Nesse momento, de verdade, o Verbo se faz carne em nós.

2. Como a Palavra nos é dada?

A Palavra de reestruturação será dada a cada um, de forma muito pessoal. O Espírito tem múltiplas maneiras de fazer-se escutar. Às vezes, a Palavra é-nos dada antes de termos qualquer

---

[9] Mt 13,32.
[10] Jo 4,32.
[11] Hb 4,12.
[12] Gn 1,3.
[13] Lc 1,38.

consciência disso: sabemos que se dirige a nós, mas na verdade não a compreendemos; talvez, não a vivamos inteiramente. Mas, quando o problema for descoberto, exclamaremos: "Sim, era esta a Palavra que era para mim".

Marina diz que flutua na existência, que se sente insignificante, inútil. Durante uma reunião de oração, ela recebe uma Palavra: *Este (esta) é meu filho (minha filha) bem-amado(a)*[14]. Experimenta, então, uma imensa alegria. Mas, ao fim de alguns meses, recai numa depressão latente, numa espécie de letargia. Durante conversas de acompanhamento, revê o fio de sua história. É a quarta de uma família que esperava um menino e, por isso, não foi nem acolhida, nem reconhecida pelo que era. É considerada como porção negligenciável e faz-se toda pequena para não incomodar. "Quanto mais eu ficar no meu canto, menos incomodo; mais serei aceita e terei mais chances de ser amada." Hoje, aos quarenta anos, é ainda isso que vive inconscientemente.

Marina compreende que não é obrigada a deixar-se condicionar a vida toda por um acidente de percurso; compreende que vem de Deus e que a ele retornará, que pode renascer da água e do Espírito e que, na graça de Deus, é capaz de abandonar essa vida reduzida na qual se arrasta. Lembra-se, então, da primeira Palavra que lhe foi dada: *És a minha filha bem-amada.* Na época, não conhecendo a má direção tomada, Marina não compreendia como essa Palavra podia curá-la, reerguê-la, mostrar-lhe uma outra saída; e, de algum modo, deixou tal Palavra abortar. *E como foi o teu nascimento? Quando nasceste, não te cortaram o cordão umbilical, não foste lavada para a tua purificação (...). Nenhum olhar de piedade pousou sobre ti (...). Ao passar perto de ti, vi que te debatias no próprio sangue. E te disse (...): "Vive! Eu*

---

[14] Mt 3,17.

te faço crescer exuberante como uma erva do campo"[15]. Agora Marina sabe como guardar a Palavra, como deixá-la trabalhar dentro de si, como meditá-la fielmente cada dia, permitindo-lhe transformar seu coração.

Julieta, em sua infância, foi vítima de toques libidinosos, de abuso sexual, e sente-se suja. Escuta a Palavra de Jesus: *Nada há fora do homem que, penetrando nele, o possa tornar impuro; mas o que sai do homem, isso é o que o torna impuro*[16]. Explicamo-lhe como a vergonha e a culpabilidade podem invadir a criança que foi vítima desse gênero de abuso. Antes de qualquer outra coisa, ela deve reconhecer que foi realmente agredida, que não é culpável. O pão de vida que lhe é dado é: *Não tenhas medo, pois não ficarás decepcionada, não te deixes vencer pela ignomínia, pois não sairás frustrada. Esquecerás a ignomínia da juventude (...) pois teu esposo é quem te fez: Senhor Todo-poderoso é seu nome!*[17]. Julieta também meditou várias semanas o rio de vida de que fala Ezequiel. Esse rio que parte da fonte do templo (do coração profundo) e que faz renascer para a vida tudo o que toca: essa água torna são tudo em que penetra. *Haverá vida em todo lugar que a torrente atingir*[18]. *Junto à torrente, em sua margem, de um lado e de outro, crescerá toda espécie de árvores frutíferas, cujas folhas não cairão e cujos frutos não se esgotarão*[19]. Este texto vivificante, que Julieta pôde viver de forma concreta, particularmente nas partes feridas, magoadas e enfermas de seu ser, foi de verdade um alimento poderoso, que a reconduziu pouco a pouco à sua integridade.

Martinha teve sua vida conjugal interrompida pelo abandono de seu cônjuge. Seu coração extinguiu-se. Na verdade, esse

---

[15] Ez 16,4-7.
[16] Mc 7,15.
[17] Is 54,4-5.
[18] Ez 47,9.
[19] Ez 47,12.

abandono recente reativa graves feridas de sua infância, das quais ela, antes de tudo, deve evidentemente tomar consciência. A Palavra de Deus vem envolvê-la de amor: *Como mulher abandonada e amargurada, o Senhor te chamou. Como poderia ser repudiada (...) te reunirei (...) com um amor eterno*[20]. Trata-se bem concretamente de um movimento espiritual, e Martinha deve tomar cuidado para não se fusionar com Deus: a ternura divina não vem substituir àquela de seu cônjuge, mas para sanar a ferida. Não é a mesma coisa.

João viveu uma carência, um vazio, no instante de seu nascimento. Desde o parto, sua mãe caiu numa depressão profunda, que se prolongou por um ano. Devido a isso, João foi completamente abandonado nos primeiros quinze dias de nascença, vivendo em seguida uma séria carência afetiva. Durante várias conversas de acompanhamento, ele toma consciência da maneira pela qual compensa sua carência, em particular, por uma intensa atividade intelectual e por ocupações incessantes. Não fica um minuto consigo mesmo. Na infância, descambou para o imaginário, o que foi um modo de não permitir nenhum vazio em si. Pouco a pouco, contudo, dá-se conta de que existe interiormente um medo muito profundo da carência. Vai organizar-se, portanto, de maneira a manter o controle: negligencia sua vida relacional, reduz seu lazer, come pouco... A Palavra que lhe permite viver o trajeto de restauração é o Salmo 22: *O Senhor é meu pastor, nada me falta*[21]. Cada vez que, no dia a dia, se surpreende a compensar ou administrar sua carência, retoma imediatamente a Palavra, e isto basta para permitir-lhe reencontrar a justa direção: "Não tenho mais necessidade de administrar ou de compensar a carência: não tenho mais medo, pois sei que o Senhor é meu pastor; mesmo se vier a sofrer a carência de algo, Deus está

---

[20] Is 54,6-8.
[21] Sl 22,1.

presente, o essencial jamais faltará. Essa é a minha segurança, minha mais profunda garantia".

Todas essas Palavras são vivas, alimentadas e repletas de sentido. Todavia, a Palavra pode também nos ser dirigida como uma interpelação vigorosa, como um convite premente, sob forma de uma ordem, que é na realidade uma ajuda para fazer-nos sair da destruição. Nesse caso, é o conhecimento de nossa transgressão e a obediência à Palavra de vida que vão reestruturar-nos.

Daniela, após um conflito num relacionamento, sentiu-se particularmente ferida e agredida. Pensa haver entrado no processo de perdão, viveu as suas etapas preliminares, particularmente ao esclarecer o modo pelo qual uma das feridas de sua infância fora reativada pelo conflito; mas não pode impedir-se de ruminar, de remoer queixas e justificações. Reza a Deus que a liberte dessa condição, contudo sem resultado. E, cada dia, é mais e mais invadida por pensamentos e por sentimentos negativos. Enfim, toma coragem de deter-se nesse problema preciso, de abri-lo ao Espírito; em vez de deixar-se afundar, escolhe pedir com força ao Espírito que a esclareça. Na oração, recebe uma imagem: "Via a graça de Deus que corria como uma torrente no meio daquele relacionamento conflituoso; e, de súbito, uma enorme pedra vinha barrar o leito da torrente, e a água viva ia perder-se na vegetação e nos pântanos". Daniela, então, toma consciência de que seu comportamento impede que a graça de Deus opere livremente. É então que, durante uma liturgia, descobre esta passagem da vida de Ezequiel: *(…) tu habitas no meio de uma casa de rebeldes (…) arruma a tua bagagem de exilado (…) e parte de um lugar para outro (…)*[22]. Recebe esta ordem: emigra dessa terra de ruminação.

---

[22] Ez 12,2-3 (tradução da Bíblia de Jerusalém).

Essa Palavra é tão forte que ela obedece imediatamente, escolhendo com muita clareza abandonar esse estado de negatividade, sem se preocupar se será ou não capaz de deter essa corrente de sentimentos e de pensamentos que a invadem. Daniela conta que pôde aderir imediatamente a essa ordem de vida, pois o seu pecado fora-lhe mostrado com muita intensidade. Havia atingido uma espécie de complacência em relação a esses pensamentos destrutivos e achava-se incapaz de detê-los. Aliás, eles não lhe pareciam especialmente incômodos e graves. Dizia a si mesma não poder fazer de outro modo. Para a sua grande surpresa, desde que sua determinação tornou-se clara e precisa, Daniela foi totalmente libertada. Quando a tentação volta, encontra-se inteiramente fortificada para afastá-la com rapidez. "Escutei a ordem de emigrar. Obedeci e, portanto, a força foi-me dada. É tudo."

Daniela dá-se conta de que, mesmo tendo vivido importantes passagens de cura, não assimilara de fato o seu passado. Restava uma amargura latente, um fundo de revolta que retém, agarrando-se a ele. Compreende que agora chegou o tempo de depor definitivamente todas as armas, e parar de remoer as coisas antigas.

3. Referenciais e armadilhas

A palavra de reestruturação deve sempre ser colocada em primeira pessoa, de modo a podermos realmente apropriarmo-nos dela. Deve ser breve, concisa: pequenas frases curtas vão ajudar-nos muito a recompor-nos durante o dia, quando somos tentados a cair em nossa tentação habitual: "Não tenho mais necessidade de administrar minha carência; sei que não careço de nada, Ele está presente…"

É indispensável abandonar o antigo para ser capaz de acolher o novo. Não omitamos essa etapa.

Benedita viveu toda a sua infância numa inteira desvalorização. Quando tinha três anos, sua mãe abandonou o lar, deixando-o numa grande desordem afetiva. Benedita foi, então, criada por sua avó paterna. Como se parecia fisicamente muito com a mãe, foi moralmente identificada com esta, crescendo numa atmosfera de desprezo e de julgamento, que enraizou nela esta crença: "Sou um ser desprezível, indigno de ser amado". Quando de sua conversão, vive um encontro real com o amor do Pai e recebe esta Palavra: *Quanto a ti, serás chamada "Procurada", "Cidade não abandonada"*[23]. Apesar disso, Benedita conta ter a impressão de viver dois contextos completamente distintos: sabe, em seu intelecto, que Deus a ama de verdade; porém, não consegue integrar esse fato em sua vida. Há, nela, como que um bloqueio. Na realidade, não consegue desvencilhar-se do olhar de sua avó, que ainda vive em seu interior; Benedita continua sob o seu poder. Este olhar assume mais poder do que a própria Palavra de Deus: sem se dar conta, Benedita é idólatra. Desde que toma conhecimento disso, torna-se capaz de desmistificar o poder do olhar de sua avó. Uma vez realizado esse ato, pode acolher realmente a Palavra de reconstrução que lhe dá um nome novo e a garantia de outro olhar pousado sobre ela; Palavra que a conduz à ação de graças pela maravilha que sua pessoa é.

Precisamos de discernimento na busca da palavra de reestruturação. É por isso que é bom estar acompanhado nesse caminho, para verificar se não recaímos em nossos erros de estimação.

Alice é religiosa. Faz parte de uma família que vive de maneira muito conflituosa, em total repressão, domínio e esmagamento: sua avó materna de alguma forma possui a filha; esta filha, a mãe de Alice, por sua vez, domina totalmente o marido. Alice

---
[23] Is 62,12.

fica de todo perdida nessa confusão. Para tentar escapar disso, escolhe o esmagamento: manifestar-se o menos possível, para evitar conflitos, cujo conflito não compreende. Em sua caminhada espiritual, alimenta-se da Palavra de Cristo sobre o grão que morre. É de algum modo, diz ela, a Palavra que fundamenta toda a sua vida: *Se o grão de trigo que cai na terra não morrer, ficará só; mas se morrer, produzirá muito fruto*[24]. Porém, em vez de fazer desta uma Palavra de vida, que a ajudaria a sair da rigidez, do imobilismo, escolhe a autodestruição: enterra completamente sua liberdade, seus desejos profundos, seus dons, seus talentos. Alice chega ao acompanhamento num horrível estado, em todos os planos. Deverá compreender a interpretação errônea que fez da Palavra de Deus: nenhuma Palavra de Cristo pode levar à autodestruição. É aí que começa a entrever o sentido da Palavra de Jesus: *Eu vim para que os homens tenham vida e a tenham em abundância*[25]. Inicia, então, seu caminho de reestruturação, de evangelização das suas profundezas.

Cuidado para não manipularmos a Palavra, a fim de atingirmos determinados fins. Deixá-la fecundar-nos e utilizá-la para atingir nossos próprios objetivos não purificados são dois comportamentos distintos.

Marcos está convencido de que o seu caminho de cura passa pela criação de uma empresa. Está seguro de seu sucesso e demonstra imprudência, mas pensa que isso tem pouca importância, pois o Senhor diz: *Não te atingirá mal algum, nem o flagelo chegará à tua tenda*[26]. "Ele me protege; portanto, sou invulnerável no que quer que faça. Posso permitir-me qualquer coisa. Não tenho de levar em conta meus limites, nem o contexto econômico." Marcos vive a primeira tentação de Jesus, e é nesse

---

[24] Jo 12,24.
[25] Jo 10,10.
[26] Sl 90,10.

ponto preciso que se dá a sua queda. Sua empresa vai à falência, e ele abandona toda forma de fé.

O marido de Isabela abandonou-a para constituir outra família, e ela reza com a certeza absoluta de que ele voltará. A vontade de Deus é a de que *o homem não separe o que Deus uniu*[27]. Ele não tem, portanto, outra saída, senão atender a uma prece conforme à sua vontade. Isabela começa, então, uma longa espera, que a corrói e a impede de viver o presente. Acaba por achar-se esgotada, não sabendo mais como situar a sua fé. Seu caminho é o de aceitar a realidade do acontecimento e escutar o Espírito, que a conduz ao longo trabalho de luto a ser vivido na presença de Deus.

Cuidado para não isolarmos uma Palavra de seu contexto. É essencial relacionar qualquer Palavra com o resto da Escritura, a qual deveria ser-nos familiar, a ponto de nela circularmos livremente. Ao isolarmos uma Palavra de seu contexto, podemos muito facilmente viver o amor sem verdade e a verdade sem amor... A Palavra é inseparável da contemplação da vida de Cristo, dos atos que realizou, de seu modo de ser (ele que é o Verbo feito carne, tendo vivido a Palavra como ninguém mais o fez), de sua presença viva e operante realizada através de seu Espírito em nosso ser, de sua presença nas realidades externas (liturgia, vida sacramental, vida e trabalho de nossa Igreja).

Cuidado para não utilizarmos a Palavra de maneira mágica, como um meio infalível de resolver nossas dificuldades. Não se trata de repetir a Palavra de modo voluntário, mas de meditá-la silenciosamente[28].

---

[27] Mt 19,6.
[28] Um belo roteiro de meditação da Palavra é-nos dado, a partir das etapas vividas por Maria, Mãe de Jesus, em: GLARDON, Thèrése, ANDRÉ, Bernard, SCHWAB, Jean-Claude, em diálogo com BURKI, Hans, *Le Temps pour vivre,* Lausanne, Presses bibliques universitaires, coll. "Espace", 1991.

A Palavra de reestruturação pode evidentemente mudar, à medida que evoluímos. Quando submetemos a palavra que nos é dada à apreciação de alguém, capaz de desvelar as armadilhas nas quais poderíamos cair, guardamo-la no coração, permanecemos nela, até que saibamos que perfez a sua obra. E em seguida, é claro, uma outra Palavra ser-nos-á dada, à medida que caminhamos.

Hoje não deixeis de escutar sua voz! Não endureçais vossos corações[29].

Enviou sua palavra para curá-los, e da cova preservar a sua vida[30].

---

[29] Sl 94,7-8.
[30] Sl 106,20 (tradução da Bíblia de Jerusalém).

Quarta parte

O PERDÃO

A PALAVRA DE DEUS

A parábola do filho pródigo
Lc 15,11-32

¹¹Disse ainda: "Um homem tinha dois filhos. ¹²O mais jovem disse ao pai: 'Pai, dá-me a parte da herança que me cabe'. E o pai dividiu os bens entre eles. ¹³Poucos dias depois, ajuntando todos os seus haveres, o filho mais jovem partiu para uma terra longínqua e ali dissipou sua herança numa vida devassa. ¹⁴E gastou tudo. Sobreveio àquela região uma grande fome e ele começou a passar privações. ¹⁵Foi, então, empregar-se com um dos homens daquela região, que o mandou para o campo cuidar dos porcos. ¹⁶Ele queria matar a fome com as bolotas que os porcos comiam, mas ninguém lhas dava. ¹⁷E, caindo em si, disse: 'Quantos empregados na casa de meu pai têm pão com fartura, e eu aqui morrendo de fome! ¹⁸Vou-me embora, procurar o meu pai e dizer-lhe: Pai, pequei contra o céu e contra ti. ¹⁹Já não sou digno de ser chamado de filho. Trata-me como um dos teus empregados'. ²⁰Partiu, então, e foi ao encontro de seu pai. Ele ainda estava longe, quando seu pai o viu, encheu-se de compaixão, correu e lançou-se-lhe ao pescoço, cobrindo-o de beijos. ²¹O filho, então, disse-lhe: 'Pai, pequei contra o céu e contra ti. Já não sou digno de ser chamado de filho...' ²²Mas o pai disse aos seus servos: 'Ide depressa, trazei a melhor túnica e vesti-o com ela, ponde-lhe um anel no dedo e sandálias nos pés. ²³Trazei o novilho cevado e matai-o; comamos e festejemos, ²⁴pois este meu filho estava morto e tornou a viver; estava perdido e foi reencontrado!'

E começaram a festejar. ²⁵Seu filho mais velho estava no campo. Quando voltava, já perto de casa, ouviu músicas e danças. ²⁶Chamando um servo, perguntou-lhe o que estava acontecendo. ²⁷Este lhe disse: 'É teu irmão que voltou e teu pai mandou matar o novilho cevado, porque o recuperou são e salvo'. ²⁸Então ele ficou com muita raiva e não queria entrar. Seu pai saiu para suplicar-lhe. ²⁹Ele, porém, respondeu a seu pai: 'Há tantos anos que te sirvo sem jamais transgredir um só dos teus mandamentos, e nunca me deste um cabrito para festejar com meus amigos. ³⁰Contudo, veio esse teu filho, que devorou teus bens com prostitutas, e para ele matas o novilho cevado!' ³¹Mas o pai lhe disse: 'Filho, tu estás sempre comigo, e tudo o que é meu é teu. ³²Mas era preciso que festejássemos e nos alegrássemos, pois este teu irmão estava morto e tornou a viver, estava perdido e foi reencontrado!'"

1. A descoberta do verdadeiro amor

Os dois filhos, apresentados a nós nessa parábola, têm trajetos fundamentalmente distintos, contudo, possuem em comum o fato de não conhecerem de verdade o Pai e o fato de não terem nenhuma consciência de suas distorções. Um está seguro de saber o que quer: partir, estar em outro lugar. O outro tem a certeza de estar no caminho certo: o dever.

Ambos perderam o caminho do coração. Um esqueceu-o; o outro endureceu-o. Nenhum deles realmente encontrou o Pai: nem aquele que parte, nem aquele que permanece ao seu lado (tomamos a noção de Pai no sentido de Deus Criador, fonte de vida, e não no sentido de pai biológico). Ambos perderam a sua fonte e não recebem mais a água do amor. Não são mais iluminados a partir do coração; são como dois cegos. Caminhando dia e noite, vão tropeçar: um, na desordem; o outro, no excesso de ordem[1].

O fracasso do caçula e sua volta imprevista abalarão a ambos; um será sacudido pela tristeza, pelo desânimo, pela humilhação; o outro, pela revolta, pela explosão de uma cólera recolhida há muito tempo. Trata-se de um acontecimento revelador para os dois, de um possível ponto de partida para uma nova vida, de uma ocasião oferecida para a recuperação do sentido das coisas.

---

[1] Jo 11,10.

2. O filho mais novo

A partida para o exílio

Ele parte para o exterior, *para uma terra longínqua*[2]. Pensa resolver seus problemas partindo para longe de seu coração profundo, para longe de si mesmo. Deixa-se arrastar por uma psique em desordem, que o domina por inteiro. Perdeu toda a liberdade verdadeira. Mas parte também para longe de sua fonte: Deus. Passa a decidir sua vida sem referência alguma à Palavra, às leis de vida, ao Espírito. Não é mais alimentado pelo pão da vida. É assim que vai viver a fome interior e exterior[3].

Esse trajeto remete-nos à noção de exílio, recorrente na história do povo de Deus, que significa a maneira pela qual partimos para longe de Deus, como nos construímos ou como nos deixamos construir sem nos deixarmos inspirar, insuflar pela palavra de Deus, pelo Espírito. Quantas partes inteiras de nosso ser partiram ou permanecem em exílio, cortadas de nosso coração profundo, da fonte da vida, deixadas incultas?

O retorno do exílio

A conversão do filho mais novo só pode ser vivida na volta do exílio, no retorno ao centro. Como sempre, na palavra de Jesus, o caminho de volta é expresso em algumas palavras, de maneira extremamente densa, fulgurante: *E, caindo em si, disse...*[4] O filho caçula faz o caminho em sentido inverso: volta ao seu coração, à sua fonte. Sai do falatório, da agitação, para entrar no silêncio interior. En-

---
[2] Lc 15,13.
[3] Lc 15,17.

contramos aí o apelo recebido por Abraão: "Parte em direção a ti mesmo".

Ele próprio é quem descobre o seu caos, sua desordem. Através de um doloroso e provavelmente longo caminho, sai da ilusão sobre si mesmo e descobre sua verdade. Retoma contato com o seu coração profundo. No silêncio, escuta, deixa-se ensinar, e então, cavando fundo em si, como se cava em um campo, descobre o tesouro, a fonte de sua existência, a presença de Deus, do Pai[5]. Embora não a conheça totalmente, já a encontrou. Encontra um Pai justo, que nunca o expulsará. Pela primeira vez, toma conhecimento de um amor seguro, estável, sólido, que ao mesmo tempo é verdade.

O roteiro da evangelização das profundezas é o retorno do exílio: voltamos a Deus. Abrimos a totalidade de nossa história e de nosso presente à sua luz. Nenhuma parte de nós habitará mais no exílio. Contudo, podemos viver esse retorno se aproveitamos o tempo para "cair em nós mesmos" e para conduzir ao aprisco as partes de nosso ser que vivem como ovelhas errantes, dispersas, perdidas[6].

A tomada de consciência

Pequei[7]. Porque o filho mais novo descobriu quem é Deus, começando a ver o Pai como é, pode ver-se a si mesmo sem mentira. É uma verdadeira revelação, muito diferente de um exaustivo processo introspectivo. Sabendo que de qualquer modo será acolhido, sem incerteza, pode empreender a releitura de sua história. Nesse momento, iluminado a partir do interior, pode

---
[4] Lc 15,17.
[5] Lc 6,48.
[6] Jt 11,19; Jr 50,6; Mt 9,36.
[7] Lc 15,18.

dizer: *Pequei*. E o faz de maneira honesta, sem reserva, sem se justificar. Não esconde mais a sua verdade interior. Agora, o seu olhar modificou-se: pode assumir aquilo que é, aquilo que viveu.

E nós? Chegou o momento em que, na releitura de nossa vida (dado que encontramos a luz e a misericórdia, o amor que vem ao nosso encontro em nossa realidade, em todo o nosso contexto), podemos dizer "eu pequei". É o momento no qual tomamos consciência de nossa dívida; no qual nosso coração oscila, torna-se pobre, confiante, capaz de ser amado.

A caminhada

E foi ao encontro de seu pai[8]. O filho caçula muda de direção. Vira-se, decide fazer meia-volta; vive a *Techouvah*[9], que é um movimento central da tradição judia, o verdadeiro arrependimento. Abandona o caminho de morte e decide não guardar mais os porcos. Na graça de Deus, é capaz de colocar-se a caminho. Não se imobiliza mais na infelicidade, no vitimismo, na culpabilidade estéril: é o tempo da determinação, da escolha.

O filho pródigo reencontra o movimento da vida. Retirará algo de um acontecimento catastrófico. Parte de volta no estado em que se encontra, mesmo se não compreendeu tudo, mesmo se sua preocupação primordial é a sobrevivência. Está pronto para assumir esse retorno sem glória, pois agora é livre. É iluminado pela Palavra encontrada no fundo de si mesmo.

O Espírito dá-nos a certeza de que, na graça de Deus, podemos mudar de direção, renunciar às antigas vestes, entrar numa vida renovada. Podemos retirar algo de tudo que nos acontece.

---

[8] Lc 15,20.
[9] STEINSALTZ, Adin. *La Rose aux treize pétales*. Paris, Albin Michel, 1989, p. 137-150.

Não estamos trancados no passado, em qualquer estado em que nos encontremos, há sempre a possibilidade de dar um passo em direção à vida.

O filho caçula, contudo, está apenas no início de seu caminho de volta: ainda não conhece verdadeiramente o Pai. Porém, vai viver uma experiência revolucionária, que ultrapassa muito tudo que podia imaginar. *Ele ainda estava longe,* longe de ter-se desviado de tudo que lhe aconteceu, longe de um verdadeiro conhecimento do Pai, que espreita seu eventual retorno, avista-o e fica tocado de compaixão: corre, lança-se ao seu pescoço e abraça-o longamente[10]. É então que vai viver, nos braços do Pai, até à própria carne, o encontro que irá fazer dele um filho. Quebra-se o seu coração, e ele está pronto a deixar-se moldar. "Ele previa um juiz; encontra-se no abismo, fracassado, sozinho, incapaz, enfim, de ser amado. Com a face apoiada, tal como um recém-nascido, no seio de um ventre maternal, ele acaba de nascer."[11] *Este meu filho estava morto e tornou a viver*[12], diz-lhe o pai, que faz a experiência do acolhimento incondicional, do perdão na luz, da Páscoa: ele está vivo.

O filho pródigo reencontra o seu lugar de filho; o lugar interior que o Pai dá a ele e a cada um de nós, e que jamais poderá ser arrebatado por ninguém. Recebeu o Espírito novo do qual fala Ezequiel[13].

Já nos maravilhamos, ao meditar o texto sobre a cura do enfermo da piscina de Betesda, por esta revelação: mesmo se ainda estamos longe, muito longe, o amor de Deus vai buscar-nos, esperar-nos e, de algum modo, espreitar o menor sinal de abertura. Sabemos agora que, seja qual for o nosso estado, podemos, em sua graça, erguer-nos e retornar para o

---

[10] Lc 15,20.
[11] Comentários de P. Baudiquey sobre o quadro *O Filho pródigo* de Rembrandt (A.C.N.A.V.).
[12] Lc 15,24.
[13] Ez 36,26.

Pai. Mesmo se esse ato nos parece insignificante, basta para conduzir-nos no caminho da ressurreição[14]. Nossa tarefa não é guardar os porcos, nosso lugar não é a incerteza: somos, por Cristo, filhos e filhas de Deus. Somos cuidados, iluminados, reconfortados. Não temos, então, outra coisa a fazer senão abrir nosso coração para festejar e para receber as insígnias do filho: a veste, reservada aos hóspedes de destaque; o anel, que é sinal do selo de família; as sandálias, sinal do homem livre (o escravo andava descalço).

3. O filho mais velho

O mais velho dos filhos exprime vivamente a sua revolta: *Jamais transgredi um só dos teus mandamentos*[15]. "Sou perfeito, justo, trabalhador, obediente, sério, econômico, e é para o outro, o marginal, que fazes a festa; para mim, nunca a fizeste." O problema fundamental do filho mais velho é acreditar-se sem pecado. Crê-se justo e, consequentemente, possui um coração de justiceiro. Apenas um acontecimento percuciente pode revelar sua falta escondida. É assim que nos revelamos a nós mesmos: são nossas reações a uma situação concreta que vão iluminar-nos sobre o que realmente acontece em nós. O filho mais velho simboliza nossa cegueira perante nossa mais profunda distorção, nossa resistência para viver na luz, nossa boa consciência. Ele está cheio de si mesmo e se engana. Jamais encontrou o amor, provavelmente porque é incapaz de deixar-se questionar ou de se converter. Busca antes de tudo uma ordem superficial e ilusória. Assim fica de fora, sozinho e sem alegria, longe do relacionamento e da festa.

---

[14] Jo 5,7; 11,41.
[15] Lc 15,29.

Seu sofrimento e sua cólera são reações normais e seria bom que as reconhecesse e as assumisse. Mas ele deve também se perguntar que lição lhe traz tal acontecimento. Por que essa cólera contra o pai, essa rejeição definitiva de seu irmão? O importante seria que ele se deixe questionar, que aproveite a ocasião para rever as causas da desestruturação na qual está caindo na vida e que aceite o remédio salutar que o pai lhe propõe. Ao contrário de seu irmão mais novo, ele se endurece diante da dificuldade.

Ele é o grão que não se deixa morrer e fica sozinho[16]. Apresenta uma aparência de perfeição que camufla um medo de viver, uma falsa submissão, uma rejeição do outro, uma incapacidade para receber os dons do pai. Ele ignora que, para entrar no Reino, não lhe é suficiente não transgredir as leis, mas ter uma outra disposição do coração[17]. Não é criativo, não assume nenhum risco. Percebemos que não é feliz naquilo que vive: reclama interiormente, sem dúvida alguma, como Marta[18].

Mas tudo isso ele ignora, está cego e pensa que vê.

Podemos reencontrar-nos no coração do filho mais velho ou do mais novo, mas a maior parte do tempo temos dentro de nós a disposição do coração tanto de um como do outro.

---

[16] Jo 12,24.
[17] LECLERC, Éloi. *Le Royaume caché*. Paris, Desclée De Brouwer, 1987, p. 104.
[18] Lc 10,38-42.

4. O Pai

O Pai faz a festa para o filho perdido e reencontrado. Mas ama também aquele que ficou em casa, ao seu lado, e que deixou seu coração endurecer. Ele vai ao seu encontro, vai para pedir que participe da alegria do reencontro[19]. Não o deixa na sua solidão e na sua rejeição. Não acusa seu pecado. O Pai vai procurar aqueles que têm um coração de pedra, egoístas e invejosos, e tudo isso é um conforto para nós todos. Ele nos faz conhecer, redescobrir como pode viver o coração de um filho de Deus, pois que *Filho, tu estás sempre comigo, e tudo o que é meu é teu*[20]. E é a partir dessa experiência que podemos dizer: "Pequei!". Então o mais novo pode entrar na festa e é acolhido com grandes alegrias.

Jesus conta essa história para o povo simples que o rodeia, *aos coletores de impostos, aos pecadores*[21], que correm avidamente para escutar aquele que os considera capazes de entender as coisas do Reino. Mas os fariseus e os escribas também estão lá[22]. Aproximam-se, espionam-no, armam-lhe armadilhas para o apanharem em falta. É justamente a eles que Jesus se dirige, a eles cujos corações se assemelham ao do filho mais velho. Jesus anuncia a ternura e o acolhimento do Pai tanto para eles como para os outros. Procura fazê-los compreender que Deus pode fazer derreter seus corações.

Não sabemos que via purificadora irá tomar o filho mais velho, mas ele é ensinado por essa parábola, que pode vir a acontecer de endurecer nosso coração numa aparência de fidelidade, de observância estéril da lei[23].

---

[19] Lc 15,28.
[20] Lc 15,31.
[21] Lc 15,1.
[22] Lc 15,2.
[23] Lc 15,29.

5. Pontos comuns entre o perdão dado e o perdão recebido

O perdão que recebemos para nós mesmos ou que damos aos outros é ponto central na caminhada. O perdão é um ato que se situa sobre o plano espiritual. Ele só pode vir de Deus. Somente Deus perdoa. O perdão é o ponto culminante do amor, e o amor vem de Deus, o amor é o próprio Deus. "O perdão não é indulgência, é literalmente uma recriação."[24] "Ele recria aquilo que o ser humano descriou."[25] Está realmente na ordem da ressurreição, e somente Deus tem poder de recriar, de ressuscitar. O perdão é um retorno à vida. *Meu filho estava morto e voltou à vida*[26]. É movimento de abertura, de restauração, de acolhida da graça. O perdão recebido e dado é o contrário de um processo de voltar-se sobre si mesmo.

Pedir o perdão ou recebê-lo leva-nos a viver um processo de renúncia, de desapego, de mortificação, que vai consistir em deixar os seus apegos, em "desgarrar-se", em "desenredar-se" de outrem, do mal; em libertar, em deixar que o outro caminhe, em não tolher, em não subjugar. Pelo perdão tornamo-nos livres e libertamos o outro.

O perdão muda o significado das forças do mal. Um germe de fecundidade, de vida, é implantado no coração da morte. É o ato por excelência que vai converter o mal em bem, que vai reorientar as forças da destruição para a vida. Todas as energias em nós que estão ocupadas em ruminar, em detestar, em odiar, em provocar vingança, em voltar-se sobre nós mesmos, vão tornar-se construtivas e fecundas.

O perdão é a resposta de Deus ao mal do mundo: a misericórdia atinge-nos no mais íntimo de nossa desordem e é esse

---

[24] VARILLON, François. *Joie de croire, joie de vivre*. Paris, Centurion, 1981, p. 77.
[25] VARILLON, François. *Vivre le christianisme*. Paris, Centurion, 1992, p. 114.
[26] Lc 15,24.

reencontro que nos irá restabelecer na verdade. O perdão vem de Deus, mas estamos diretamente implicados nesse movimento, chamados a participar dele. Somos nós que permitimos ao amor de Deus de encarnar-se e de produzir fruto. Jesus leva-nos à fonte do perdão, ao Pai. Mas não se contenta de apenas ensinar. Ele o viveu na sua própria carne, pedindo a Deus Pai que perdoasse àqueles que impediam sua missão, que o levaram à morte[27]. Ele desperta em nós essa possibilidade de um novo relacionamento, inesperado, e torna-nos capazes de pôr fim a esse terrível processo que consiste em pagar o mal com o mal ou nos fecharmos em nossa falta.

Para viver o perdão de caráter autêntico, somos levados a uma "escravidão" interior, que vai alcançando o centro do nosso coração e também o mais profundo de nossa realidade existencial, de nossa psique. A grande tentação, o principal empecilho são evitar essas etapas, evitar depressa para se estar logo em dia, ou se afastar rapidamente minimizando o problema. Reduzimos muitas vezes o movimento do perdão, ou o vivemos superficialmente, ou o fazemos malograr, e ele não produz seu fruto da passagem da morte para vida. No perdão, reencontramos a noção do amor verdadeiro, do amor que se vive na verdade.

Vamos ousar enfrentar a crise, no amadurecimento, caminhando passo a passo, indo à fonte de nossas emoções, da conversão, do encontro com nós mesmos.

Não chegamos ao perdão senão no fim de nossa caminhada, porque não é de um momento para outro que podemos reconhecer de que maneira tratar nossos fracassos, transgredir voluntariamente ou não as leis fundamentais da vida, dadas por Deus. Do mesmo modo, não podemos perdoar de todo nosso coração àqueles que nos têm prejudicado, a não ser quando pudermos reler nossa história à luz do Espírito, quando compreendermos

---

[27] Lc 23,34.

que ela não nos encerra mais necessariamente num determinismo desgastante, mas que com a graça de Deus podemos fazer alguma coisa.

Cada perdão dado ou recebido é uma Páscoa, uma passagem da morte para a vida.

I
RECEBER O PERDÃO

Desde o começo dessa caminhada, vivemos a conversão, o arrependimento no seu sentido mais dinâmico, isto é, a mudança de direção. Muitos se perguntam por que, de repente, teriam necessidade de determinar uma fase mais precisa, um pedido e um acolhimento do perdão de Deus inseridos num processo específico.

Certas pessoas tornam-se tão felizes em haver compreendido a junção entre o plano psicológico e o plano espiritual, em haver tomado consciência da força libertadora da Palavra, que esquecem inteiramente o conhecimento da transgressão, do pecado, pensando não ter mais necessidade do perdão de Deus. "Já nos abrimos sinceramente; já nos expressamos na oração, durante acompanhamentos de cura interior, durante partilhas de grupo. Por que viver agora um processo de pedido de perdão?" Questionam-se assim por não terem, talvez, percebido que o pedido e o acolhimento do perdão são o resultado de todo esse trajeto, do qual todas as passagens mencionadas não foram senão preparatórias.

Agora, temos um outro olhar em relação a Deus e, por consequência, sobre nós mesmos. O tempo de receber o perdão será o tempo da libertação definitiva do medo de Deus; o tempo de passar a viver a misericórdia, que vem ao encontro de nossa desordem, de nossas distorções. O perdão marca o tempo de uma nova partida. É um auxílio poderoso, uma verdadeira reestruturação. É o tempo do coração pacificado, da reconciliação com a nossa história. Quaisquer que tenham sido os atos realizados no passado ou no presente, são perdoados, se os abrimos à misericórdia. É o tempo em que compreendemos quem é Deus; é a hora do maravilhamento.

1. Feridas, transgressão, pecado

Uma ferida não é nem um pecado, nem uma transgressão. Inicialmente somos vítimas. Contudo, quando conduzimos à luz a maneira pela qual reagimos à nossa história, tomamos consciência de que vivemos, a maior parte do tempo, na transgressão das leis fundamentais da vida. A transgressão pode ser involuntária ou voluntária. Quando falsas orientações foram tomadas por ignorância, por erro ou, ainda, para escapar de uma angústia insuportável, não se poderia falar de pecado, pois este supõe um deliberado comprometimento da vontade.

Contudo, a transgressão pode ter sido voluntária; entramos assim na noção do pecado. "Quando aos sete anos tomei tal direcionamento, sabia que isso era mau"; ou então: "Lancei um verdadeiro desafio a Deus"; ou: "Num movimento de autossuficiência, ignorei com soberba as leis de Deus". Em outros casos, certas pessoas tomaram atitudes, cuja gravidade não podem minimizar, reconhecendo que no fundo não podiam ignorar sua transgressão.

Pecar, na língua hebraica, significa: fazer má pontaria, errar o alvo. O pecado tange o nosso relacionamento com Deus. É uma recusa a receber dele a vida e tudo aquilo que, em verdade, constrói o homem; trata-se, portanto, de transgressão, de um atentado à Criação[1]. O pecado é um ato consciente; na maior parte do tempo, o ser humano é de uma incrível complacência para com os próprios pecados; desconhece seu pecado fundamental. Além do mais, o termo "pecado" traz a carga de confusões, de más reminiscências. Contudo, a Palavra de Deus não poderia trancar-nos num quadro rígido, num quadro de condenação; tal Palavra só pode ser ponto de partida, fonte de vida e de libertação. *Eis o Cordeiro de Deus que tira o pecado do mundo*, diz João Batista, apontando Jesus[2].

A Bíblia, desde as primeiras páginas[3], revela como o ser humano se desviou do desígnio de Deus, entrando no pecado fundamental, inicial, original. Adão e Eva representam o homem e a mulher, e o relato de sua transgressão formula as questões essenciais sobre a origem do mal, sobre a tentação original, sobre o sentido da vida e da morte. "Trata-se de um relato de gênero quase mítico (no sentido mais nobre desse termo), que não pretende descrever um acontecimento histórico real"[4], mas oferecer um ensino basilar, do qual é preciso compreender-se o sentido. Adão e Eva mostram o que é feito do ser humano, quando este quer tornar-se Deus sem Deus, sem se receber de Deus; quando recusa seus limites e nega a função do Espírito dentro de si.

A partir dessa ruptura, dessa divisão fundamental, o homem fragmentou-se interiormente. Não é mais "um" em seus três planos componentes; os planos psicológico, espiritual e biológico foram misturados ou deslocados. O ser humano torna-se uma criatura desordenada. De agora em diante, só poderá secar e finar-se. Vai conhecer a dor, o confronto[5], sendo ele mesmo quem cria a sua infelicidade, o seu sofrimento, o seu erro. Não

---

[1] THÉVENOT, Xavier. *Le Péché, que peut-on en dire?* Mulhouse, Salvator, 1981, p. 72.
[2] Jo 1,29.
[3] Gn 3,1-24.
[4] THÉVENOT, Xavier. *Op. cit.,* p. 26.
[5] Gn 3,14-19.

é Deus quem envia as infelicidades, resultado da transgressão: "Ele não faz senão predizê-las e descrevê-las"[6].

Cada ser humano revive, por responsabilidade própria, algo do que foi vivido por Adão e Eva. Nascemos, além disso, numa sociedade de queda, marcada pelo mal, pela transgressão e pelo pecado de todos aqueles que nos precederam. O caminho de volta nesse contexto retoma todo o seu sentido. Jesus Cristo viveu plenamente o que Adão e Eva não conseguiram realizar. Ele mostra como ser filho, como se tornar um homem total, vivificado pelo Espírito de Deus.

Das feridas somos vítimas; mas no pecado entramos voluntariamente. É essencial distinguir o erro, que vem do fato de nos enganarmos involuntariamente de caminho e de objetivo, e o pecado, que é um erro voluntário, escolhido e cultivado[7]. Os falsos direcionamentos, tomados em consequência da infecção de nossas feridas, representam uma transgressão às leis da vida, não sendo necessariamente da ordem do pecado. Em contrapartida, o pecado, que supõe conhecimento e ato de vontade, é sempre uma transgressão da lei de vida. Carregamos sempre uma parte de responsabilidade e de cumplicidade pelo que fizemos de nossas feridas ao longo do tempo, pela maneira como se infectaram. Nunca estamos inseridos num determinismo aprisionador. Nossa liberdade é viva, mesmo se não é total. Podemos sempre escolher a vida, renunciando à transgressão involuntária ou ao pecado.

---

[6] LARCHERT, Jean-Claude. *Thérapeutique des maladies spirituelles.* Suresnes, Éd. de l'Ancre, 1991 e 1993, p. 52; nova ed.: Éd. du Cerf, 1997.
[7] THÉVENOT, Xavier. Ensino oral.

Pedir perdão, sim; mas por quê?

Não vamos perder-nos numa introspecção sem fim, que ameaçaria conduzir-nos a dobrar-nos sobre nós mesmos. É preciso aceitar alguma incerteza sobre o caráter voluntário ou involuntário de nossa transgressão. Quando vivemos dez, vinte ou trinta anos contradizendo uma verdadeira orientação de vida, lamentamos de todo o nosso ser havê-la transgredido. Não precisamos estar perfeitamente esclarecidos para entrarmos num processo de perdão, de reconciliação, do qual temos profunda necessidade, seja qual for o estado em que estejamos.

O essencial é tornarmo-nos determinados a abandonar a transgressão, seja voluntária ou involuntária; a renunciar à cumplicidade, a fim de entrarmos nesse processo de arrependimento, que consiste em mudar de direção. É a graça que vivemos ao pedir e ao receber o perdão de Deus. O germe da ressurreição é nesse momento verdadeiramente plantado em nós.

Devemos de igual modo renunciar à forma de cumplicidade que assumimos com o pecado, cumplicidade que frequentemente temos tanta dificuldade em reconhecer.

Contudo, na medida em que nossa história retoma sentido, na medida em que se desvanece o medo de Deus e de nós mesmos, deixamo-nos iluminar pela luz do Espírito, tornamo-nos capazes de assumir essa parcela da verdade. Cabe a cada um compreender como e por qual razão pôde tornar-se cúmplice daquilo que lhe aconteceu.

Já nomeamos falsos direcionamentos; agora vamos nomear, de forma precisa, a quais transgressões esses falsos caminhos nos levaram. Tratam-se de transgressões às leis de vida dadas por Deus, bem como de maneiras pelas quais obstaculizamos a recepção da vida das mãos do Criador. Examinemos novamente nossos falsos direcionamentos e questionemo-nos: "Que lei de vida transgredi ao optar pela morte e não pela vida?"

Não se vive essa etapa como uma reflexão intelectual, mas como um tempo de silêncio, de oração: paremos para deixarmo-nos guiar pelo Espírito. É uma forma de contemplação simples e muito viva do Deus trinitário[8]. O relacionamento com o Pai vai tocar a nossa maneira de sermos filhos e filhas de Deus (a nossa incapacidade de acolher o amor, a nossa autossuficiência...); vai atingir a nossa desobediência às leis da vida e todas as formas de idolatria. O relacionamento com o Filho atingirá as relações com o próximo, a realidade da encarnação, a nossa necessidade vital de assumir em plenitude a condição humana, tornando-nos conscientemente templo do Deus vivo. O relacionamento com o Espírito começa pela nossa potencialidade de liberá-lo em nós, de permitir-lhe exercer a sua função, de colaborarmos com ele numa maneira real e equilibrada. Em seguida, há a escolha: viver o fechamento ou a abertura, o túmulo ou a ressurreição, o imobilismo ou a criatividade.

2. O tempo do perdão

O momento em que recebemos o perdão de Deus é único, íntimo, fundamental em nosso trajeto. Receber o perdão é um ato preciso, consciente, de uma profundidade extrema, que faz dissolver o coração. Tal ato conduz a um profundo desapego, após um caminho frequentemente doloroso: o filho pródigo engoliu o pó, perdeu as ilusões sobre si mesmo. O perdão de Deus é oferecido numa total gratuidade, seja qual for o estado em que nos encontremos, quem quer que formos, se voltamos a ele pela conversão do coração.

Além disso, é preciso que o perdão oferecido seja acolhido; e lembremo-nos de que há numerosos obstáculos para o acolhi-

---

[8] THÉVENOT, Xavier. *Compter sur Dieu*. Paris, Éd. du Cerf, 1992, p. 113 e 114.

mento desse dom. A gratuidade não conduz à inércia, à irresponsabilidade ou à passividade. Somos inteiramente responsáveis pelo acolhimento da gratuidade. Muitos não conseguem receber o perdão: esse ato toca diretamente a capacidade do homem de crer-se amado, enquanto tais pessoas vivem como se fossem indignas de amor.

Quantos vivem sob o peso do remorso, da culpabilidade, da vergonha. Quantas pessoas não integram o perdão recebido à sua vida, achando impossível serem totalmente lavadas, libertas do peso do passado ou do presente. Contudo, muitas vezes também, assim como o filho mais velho da parábola, essas pessoas possuem o coração endurecido e pensam não precisar do perdão, pois nada têm a reprovar em si. Ficam, então, à margem do dom, da abundância, privando-se "do cabrito para festejar"[9].

Quando voltamos para Deus, somos imediatamente perdoados. Isso é um fato. E, nesse momento, temos de viver um ato de fé, sem esperar sensação alguma, devemos recordar com vigor cada vez que a dúvida nos ameaça que fomos realmente perdoados. Não se trata de receber um pouco de perdão[10] por um pouco de tempo, mas de apropriar-se dele em plenitude; trata-se de experimentar o que Jesus anuncia, de saber que aquilo que estava perdido é salvo e retoma a vida. O tempo em que isso se dá é fonte de grande alegria, tanto para aquele que perdoa, quanto para aquele que é perdoado[11].

---

[9] Lc 15,29.
[10] VARILLON, François. Ensino oral.
[11] Lc 15,23-24.

Dizemos, muitas vezes,
que não conseguimos perdoar a nós mesmos

Eis uma expressão errônea, pois só Deus perdoa; não somos nós quem nos perdoamos. Seria mais adequado dizer que não conseguimos acolher o perdão que Deus nos oferece. Exprimindo-nos assim, tudo fica mais claro. Não podemos em hipótese alguma permanecer nessa recusa do dom de Deus. É essencial pedir ao Espírito que esclareça essa recusa. Ora, trata-se frequentemente de um comportamento de autossuficiência, que se camufla por trás de uma falsa humildade.

"Ninguém poderá perdoar-me; o que fiz é grave demais. Sou indigno de receber o perdão." Dessa forma, negamos o amor; pensamos que o nosso mal é mais poderoso que o amor de Deus. Outros condenam-se, acusam-se e sozinhos organizam a solução de seus problemas: punem a si mesmos, como Judas[12]. Outras pessoas ainda não se permitem nenhuma recaída; não podem perdoar seus próprios fracassos, seus próprios limites. Se tiveram pais perfeccionistas, podem crer-se obrigadas a viver como num teatro, ultrapassando aqueles que as cercam para sobreviver. Se foram admiradas incondicionalmente ou idólatras, correm o risco de não se permitir a melhor falha. Ocorre, às vezes, que certas pessoas sejam presas a uma proibição: a de não decepcionar algum de seus pais, que contava com elas para realizar aquilo que ele próprio não pôde viver. Tais pessoas não se perdoam por não terem correspondido à expectativa dos pais. Muitas deixam invadir-se pelo despeito, por não aceitarem o que foram, os maus alicerces sobre os quais se estruturaram ou se deixaram estruturar.

Com bastante frequência, a cólera contra a pessoa que nos feriu é, na realidade, uma cólera contra nós mesmos: "Como podemos ter sido tão cegos esse tempo todo?" Conscientizemo-nos

---
[12] Mt 27,3-5.

dessa nossa violência deslocada, aceitando mui profundamente o nosso comportamento passado, tudo aquilo que fomos. É bem aí que está a nossa verdade, a nossa realidade. Alguns caem em uma espécie de desespero ao descobrir o seu falso caminho: pensam que toda a sua vivência torna-se sem valor. Esquecem dessa forma o longo e necessário caminho de purificação. O Pai nos amou e nos buscou ao longo de todo esse passado. Ele operou através de nós, através do joio e do trigo. Nada jamais será totalmente puro; mas igualmente nada do que foi vivido se perde. Se é possível viver a passagem do hoje, é que o passado a preparou.

Culpabilidade[13]

É um assunto complexo, que toca sentimentos de medo profundamente enraizados em nós, assim como as falsas noções de Deus, a punição, a expiação...

Uma culpabilidade duradoura mobiliza nossas energias e, ao mesmo tempo, pode impedir qualquer conscientização. É preciso diferenciar a culpabilidade objetiva de um sentimento subjetivo e difuso de culpabilidade para, em seguida, olhá-la de frente. Trata-se de verificar se a culpabilidade tem ou não fundamento. É preferível que nós, enquanto crentes, substituamos o termo "culpável" por "pecador". Com efeito, há uma diferença fundamental entre ser culpável e ser pecador.

A culpabilidade situa-se no plano psíquico. "É uma realidade interna do psiquismo, que dá à consciência a impressão de estar oprimida por um peso, de estar diante de um tribunal interior pronto para julgar e infligir uma punição."[14] Uma parte

---

[13] THÉVENOT, Xavier. *Les Péchés, que peut-on dire?*, p. 51-53.
[14] *Ibid.*, p. 51.

de nós acusa, condena, arrasta-nos à punição. A culpabilidade é vivida num circuito fechado: um relacionamento entre mim e mim mesmo. Assim andamos em círculos e fechamo-nos em nós, no remorso. Já o reconhecimento do pecado e o arrependimento são vividos num relacionamento entre Deus e nós. Partimos imediatamente para um outro plano, para uma outra dimensão. Essa passagem supõe estarmos em comunhão com Deus; supõe conhecermos as leis da vida. Trata-se de passar do estado de pecador para o de pecador perdoado por Deus, como a pecadora que derrama perfume aos pés de Jesus[15], a mulher adúltera[16], o bom ladrão[17] e tantos outros no Evangelho, aos quais Jesus diz: *Nem eu te condeno. Vai e não tornes a pecar*[18].

Não é necessário pagar nem expiar o pecado (embora se podemos, devamos reparar as consequências de nossos atos). Basta voltar para Cristo, para o Pai.

A culpabilidade está ligada às expectativas que temos a nosso próprio respeito e ao que achamos que os outros esperam de nós. Encontra-se, aqui, a busca de uma autoimagem ideal e, em decorrência disso, a causa do olhar errôneo, negativo, que podemos ter para com nós mesmos. Nosso "juiz interior" conduz à autoacusação permanente de não estarmos à altura de nossas expectativas.

O sentimento de culpabilidade pode ser difuso, constante, sem causa aparente; é, no entanto, o sinal de que há em nós algo que não está claro. A culpabilidade pode provir de um estado de pecado, vivido sem consciência; por exemplo: adultério, rejeição completa dos parentes, recusa de nossa geração, rivalidade escondida, rancor tenaz, desprezo, ódio não reconhecido etc. Demos um nome claro ao nosso pecado; confessemo-lo; paremos de justificar-nos e peçamos perdão.

---

[15] Lc 7,36-50.
[16] Jo 8,1-11.
[17] Lc 23,39-43.
[18] Jo 8,11.

Teresa cuidou de sua mãe doente com muita diligência; contudo, encontrava-se ausente na hora da morte desta. Teresa culpa-se por isso amargamente, e acaba sendo tragada por um remorso que a esgota. Mas, na verdade, quando de uma conversa de acompanhamento, toma consciência de que guardou um rancor obstinado em relação à sua mãe, uma espécie de ódio mortal, muito escondido. Sua mãe sempre desvalorizou o marido e acabou divorciando-se. Teresa acusa-a, na verdade, de ser responsável pela ruptura de seu relacionamento com o pai. Deve revisitar no Espírito essa parte de sua história; deve dar um nome ao pecado que se instalou nela.

Joel vive há muitos anos num estado de culpabilidade permanente; acha-se indigno. É casado e conta que vive com uma outra mulher uma amizade absorvente, uma comunhão espiritual que o preenche. Chega a não ter mais comunicação alguma com a sua esposa. Reconhece viver em função da espera dessa forma de intercâmbio que possui com a amiga. Contudo, vive a justificar inteiramente esse relacionamento. Na realidade, Joel vive um adultério disfarçado. A sua situação não é clara, e o seu sentimento de culpabilidade vem principalmente dessa razão.

O fato de banalizar atos que se relacionam com a vida e a morte (um aborto, por exemplo) pode abrir a porta a um sentimento de culpabilidade latente, que não sabemos como situar, como nomear. O mesmo acontece com o fato de justificar, sem nenhuma diferenciação, desvios sexuais, fantasmas, que na realidade são desordens, cuja origem provém freqüentemente de paradas ou de fixações na evolução da afetividade. Podemos cultivar uma complacência em relação a comportamentos de fuga pelo imaginário, pelo sonho, pela perda de tempo, pelo desperdício de forças vitais não empregadas em viver o presente, pelo esquecimento do essencial. Esta conivência pode conduzir ao sentimento de culpa, no caso da desordem não ser explicitada. Muitos dizem não estar prontos para abandonar seus desvios.

Todavia, não estão dispostos a renunciar aos benefícios secundários que tais desvios proporcionam; isto é, a abrir mão do prazer que deles retiram, a aceitar não mobilizar mais a atenção dos outros…

A culpabilidade pôde enraizar-se, pois vivemos sob o domínio de uma acusação. Podemos sentir-nos culpados de ser a causa de acidentes diversos, dos quais não temos nenhuma responsabilidade: morte ou doença de uma mãe no momento da gravidez ou do nascimento; um acidente inesperado com um irmão, uma irmã…; termos nascido menino ou menina, enquanto se esperava uma criança de outro sexo; podemos sentir-nos culpados até mesmo de existir, tendo chegado a um momento doloroso em que somos ou nos sentimos demais…

Cuidemos para não nos deixar culpabilizar injustamente. Isto pode ser consequência de uma falta de discernimento (acusações injustas da parte de outrem, crianças vítimas de abuso sexual que se condenam a si mesmas…). Certamente, é tão grave ser incapaz de examinar-se quanto perder seus referenciais e entrar na confusão.

A busca de um ideal deslocado pode, de igual forma, ser a fonte de uma falsa culpabilidade.

Ana desposou um viúvo com três filhos e, desde o dia do casamento, vive em culpabilidade permanente. Após vários anos muito difíceis, toma consciência de que fixou para si o objetivo de ser uma madrasta ideal, perfeita. Na realidade, não aceita nem os próprios limites, nem os de seus enteados. A cura vai passar pela recusa dessa culpabilidade deslocada: o amor não está onde ela crê que esteja.

Enfim, saibamos que temos a obrigação de não obedecer a desejos alheios que não sejam conformes ao Espírito, às leis da vida. Não devemos ser cúmplices de um mal; não devemos deixar-nos desestabilizar por acusações injustificadas.

A reparação

É justo, bom e normal reparar, se é possível, o mal que foi feito a outrem. No Evangelho, Zaqueu, rico cobrador de impostos, numa súbita revelação, simplesmente por haver Jesus manifestado a vontade de jantar em sua casa e por estar, de repente, diante da integridade em Pessoa, toma consciência de sua condição de fraudador. Decide dar a metade de seus bens aos pobres e devolver ao quádruplo o que pôde haver desviado.

Ao longo desse trajeto, certas pessoas podem dar-se conta do mal que puderam fazer a outrem, muitas vezes inconscientemente. Essa descoberta é um sofrimento, principalmente para muitos pais. Não é sempre possível reparar, de verdade, os estragos que nossos atos provocaram; eis um limite que é necessário assumir[19]. No entanto, peçamos ao Espírito que nos inspire atos interiores que possam, de certa maneira, reorientar para a vida o que foi destruído. Podemos, por exemplo, reconhecer interiormente a existência e o lugar de um membro de nossa família; aceitar a ferida que este provocou; devolver-lhe a justa importância; restabelecer com ele um relacionamento invisível mas bem real. No caso de um aborto, ainda, devolver à criança o seu devido lugar; dar um nome ao filho que não sobreviveu... Tratam-se, aqui, de casos de reparação conhecidos apenas pelo reparador; contudo, podemos ter certeza de que algo vai tornar a ser tecido invisivelmente, mesmo se não vemos os frutos exteriores dessa reintegração. O bom ladrão reparou toda a sua vida por uma total conversão do coração, por uma súplica, humilde e confiante.

Não é sempre que podemos expressamente pedir perdão a outrem; e às vezes nem é oportuno. Contudo, ficamos seguros de que, ao pedirmos perdão interiormente a Deus e ao outro (mesmo que este já seja falecido), um nó é desfeito em algum lugar.

---

[19] Lc 23,42.

3. Confusões

Muitas vezes, denominamos pecado o que não o é, ao mesmo tempo em que não enxergamos o nosso pecado. Somos cegos e cremos ver[20]; nosso olho não está são[21]. O profeta Isaías interpela o povo a respeito dessa perversão do olhar: *Ai dos que ao mal chamam bem e, ao bem mal, que transformam as trevas em luz e a luz em trevas*[22].

Chamamos de mal o bem a maior parte do tempo, baseados em nossas falsas noções de Deus: um erro, um fracasso não são pecado. Devemos, é claro, verificar qual a nossa parte de responsabilidade numa dada situação; mas não é preciso transferir isso para o plano do pecado. Uma tentação não é da ordem do pecado: Cristo foi realmente tentado, como todos os homens o são. Cada um sofre uma forma de tentação; porém, o pecado é ser conivente com ela. O fato de possuir limites não é pecado; é a condição do ser humano. Sofrer perturbações não é pecado. Muitos não o aceitam e vivem com dificuldade essa situação que, todavia, faz parte dos limites normais do homem. É impossível não ser perturbado pelas pessoas ou pelas circunstâncias. Trata-se de saber viver e gerenciar essa perturbação, atravessando-a na luz e na força do Espírito. Não aceitar perturbar-se é uma manifestação de pretender-se onipotente[23]. É claro que uma ferida não é pecado; mas pode ser um germe de transgressão, de pecado, na medida em que, não sabendo vivê-la, contornamo-la. Estar em estado de crise não é pecado. Aprendamos a viver uma crise, permanecendo na presença de Deus, sem nos afligir, sem querer encurtar o tempo necessário para que ela siga seu curso.

---

[20] Jo 9,40-41.
[21] Lc 11,34.
[22] Is 5,20.
[23] THÉVENOT, Xavier. *Repères éthiques pour un monde nouveau*. Mulhouse, Salvator, p. 49.

Experimentar um combate espiritual não é pecado; é uma etapa normal para todo filho de Deus. Aquele(a) que decide corresponder à sua condição de filho ou filha de Deus não pode caminhar sem viver combates espirituais, que são ocasião de fecundidade e de crescimento. Um combate espiritual não é uma crise: essas duas etapas não se situam no mesmo plano. O combate espiritual é vivido quando o ser humano participa, ativa e conscientemente, dentro da fidelidade a uma opção feita, da obra que Deus realiza em seu ser, em seu cotidiano.

O acolhimento de nossos primeiros impulsos não é pecado. Muito pelo contrário; temos neles uma fonte preciosa de informação. Reconhecer nossa violência, nosso ódio, nossa revolta, parar para examinar o que nos acontece não é pecado. Do mesmo modo, dar-se o direito de sofrer, de viver uma dor até o fim. Acusamo-nos frequentemente de falta de fé; todavia, ir até o fim de um sofrimento na presença de Deus é uma condição de vida.

Saber permanecer na escuta de seu corpo e de sua alma não é pecado: reconheçamos e aceitemos um esgotamento nervoso, psíquico; não nos deixemos devorar pelos outros. O repouso sabático tem um sentido muito profundo, vital, espiritual. Ele não é facultativo em nossas vidas. *Vinde vós sozinhos para um lugar deserto e descansai um pouco*[24], diz Jesus a seus discípulos. Viver uma depressão após um grande choque de qualquer espécie faz parte da vida. É preciso cumprir o tempo dessa etapa, sem se culpabilizar.

Querer viver uma verdadeira liberdade, bem situada, não é pecado. Importa aprender a viver as separações necessárias. Não temos de submeter-nos a comportamentos de manipulação, de autoritarismo, de dominação, de chantagem emocional. Não temos de deixar-nos destruir. Ao contrário do que cremos, o pecado aqui consistirá em não desenvolver a liberdade concedida

---

[24] Mc 6,31.

a cada um como uma semente, como um potencial, como uma capacidade de crescimento.

A liberdade dos filhos de Deus é real. Não é anarquia, pois é dotada de um direcionamento; consiste em viver-se a vida deixando-se inspirar pelo Espírito. *A verdade vos libertará*[25]*; (...) onde se acha o Espírito do Senhor, aí está a liberdade*[26]. Ganhar essa liberdade exigirá discernimento e referenciais claros. Em suma, ousarmos ser nós mesmos, reconhecermos e desenvolvermos a nossa identidade não consiste em pecado, se sabemos relacionar-nos respeitando a especificidade do outro.

Chamamos de bem o que é mal. Havendo perdido os referenciais, é frequente que a nossa noção de pecado ou de transgressão torne-se inexistente, totalmente apagada. Tudo é levado para o psicológico; tudo é desculpado, já que sofremos. Não temos mais em nós os critérios de distinção entre o bem e o mal: tudo é permitido, desde que o ego seja expandido, desde que as necessidades e os desejos sejam saciados. Nesse contexto, justificamos qualquer transgressão, qualquer desordem, sob o pretexto de abertura. Tudo que vivemos é culpa dos outros, de nossos pais, de nosso passado; instalamo-nos na condição de vítima, sem lucidamente separar o que é de nossa responsabilidade.

Podemos chamar de bem uma busca de perfeccionismo, compreendida no sentido de recusa dos próprios limites. Esta exigência esgota-nos e mantém-nos na autossuficiência, na ilusão ou no legalismo. Podemos, ainda, chamar de bem comportamentos que provêm da autodestruição, da autopunição: todas as nossas maneiras de fazer falsos sacrifícios, de oferecer formas de reparação que não nos são absolutamente pedidas. Podemos denominar generosidade tudo que é fuga através do ativismo,

---

[25] Jo 8,32.
[26] 2Cor 3,17.

tudo que é um mau esquecimento de si. Podemos nessa linha enterrar nossos talentos por falsa humildade, por medo do orgulho, por uma proibição de sucesso, por medo de ganhar dinheiro.

    Tudo isso e muitas outras orientações podem ter uma aparência de bem; são contudo um mal, um caminho de morte.

II
PERDOAR

Seja o acontecimento passado ou atual, não conseguimos perdoar antes do tempo. Perdoar àqueles ou àquelas que nos fizeram mal, remitir sua dívida, "libertar aqueles que nos ofenderam"[1] (uma outra faceta do perdão), consiste num desapego profundo, que só pode ser vivido por etapas. Enquanto não houvermos revisitado nossa história em toda a sua densidade, enquanto estivermos cegos, esmagados ou indiferenciados dos outros, não poderemos perdoar de verdade. É somente ao não nos considerarmos mais como vítimas, ao tomarmos consciência de nossos caminhos de morte, ao escolhermos abandonar tais caminhos para tomar orientações de vida, ao empreendermos uma verdadeira caminhada, ao recomeçarmos a descoberta de nossa identidade é que se torna possível perdoar.

Mas esse tempo chega; e, chegando, será uma etapa essencial. Representará o resultado do processo de conversão: o tempo da bênção, da liberdade. Sendo Deus a fonte do perdão, é somente em sua graça que podemos perdoar. É impossível viver essa etapa apenas com nossas próprias forças; contudo, estamos inteiramente envolvidos nessa travessia.

---

[1] BASSET, Lytta. *Le Pardon original*. Genève, Labor et Fides, 1995, p. 422.

1. Reconhecer o mal sofrido

A primeira etapa essencial, preliminar a qualquer ato de perdão, é a conscientização do mal sofrido. Se não reconhecemos a extensão da dor e da violência que puderam enraizar-se em nós, não nos será possível viver autenticamente o perdão. Se todas as emoções foram apagadas, negadas, como poderíamos saber o que há para perdoar e a quem perdoar? É a partir da mágoa e da revolta que o perdão vai ser vivido. Se os negamos, o ato do perdão não produzirá seu fruto de transformação, de passagem da morte para a vida.

Já nos conscientizamos das resistências que tínhamos para viver esse processo. Todavia, muitas pessoas perdoam sem ousar passar por toda essa travessia. Procurando esquecer (ao passo que o perdão não é esquecimento), desculpar (ao passo que o perdão não é desculpa), não chegam ao fundo das coisas ou, então, refugiam-se no intelecto, para não se confrontarem com conscientizações dolorosas. Muitos pensam: a lembrança da ofensa sofrida, que torna a emergir na memória, é um sinal de que ainda não perdoaram. Mas não é possível esquecer-se de um acontecimento que nos causou dor. A lembrança provém da memória, enquanto o perdão provém da vontade profunda; não é a mesma coisa. "A ressurreição não é o esquecimento da Paixão." Cristo ressuscitou com as cicatrizes de suas chagas, ao mesmo tempo em que guardamos em nós as cicatrizes de nossa história; todavia, tais marcas não são mais "sinal de abatimento, de condenação"; tornam-se "sinais da cura e da salvação"[2].

O perdão de Deus não lança um véu sobre nossa história, não a anula. Mas permite que nos reconciliemos com nosso passado, que o integremos ao nosso presente. O sinal de que o perdão está realmente vivo em nós, de que ele foi plenamente

---

[2] Monsenhor LUSTIGER em uma alocução nas rádios alemãs, poucos dias antes do 87º *Katholikentag* em Dusseldorf.

dado e recebido, é este: a lembrança do mal continua a existir, mas não nos destrói, não nos impede mais de viver.

Ousar olhar de frente o quanto podemos ter sido feridos ao longo de nossa história é um movimento um tanto diferente de reconhecer o mal sofrido. Contudo, o primeiro está inserido no último.

O segundo passo será aceitarmos definitivamente a realidade do que aconteceu, do mal que nos fizeram. Não a neguemos, não a reduzamos — não podemos mudá-la. Essa aceitação é um profundíssimo processo de conversão, uma etapa essencial.

Enfim, não esqueçamos: corremos o risco de reagir a um acontecimento que reaviva nossas feridas com a mesma dor que sentimos originalmente. Achamo-nos então na impossibilidade de perdoar. Porém já crescemos em Cristo; agora podemos viver uma passagem difícil na graça e na presença de Deus, assumindo-a na força que nos é dada pelo Espírito.

2. O olhar correto

Nossa responsabilidade

Algumas pessoas, sem se dar conta, podem recusar a sua responsabilidade ou podem tornar-se incapazes de vê-la. Desse modo, pouco a pouco, convencem-se de sua inocência. Ser capaz de questionar-se é, contudo, uma disposição de coração fundamental para o acolhimento do Reino de Deus. *Não endureçais o coração*, diz a Escritura[3]. *Vim a este mundo para que os que não veem vejam,* diz Jesus; e nosso pecado não é o de sermos

---
[3] Sl 94,8.

cegos, mas o de crermos, todavia, enxergar[4], assim como o de *ter olhos e não ver*[5].

Contudo, não devemos em contrapartida crer-nos sistematicamente responsáveis por tudo que ocorre. É essencial escaparmos da confusão, fazermos um discernimento do que é justo ou não na palavra e no comportamento do outro. É ao colaborarmos com o Espírito que o conseguiremos; poderemos, então, assegurarmo-nos de que vivemos no coração profundo.

O relacionamento deslocado

Este caso ocorre notadamente quando esperamos que o outro preencha todas as nossas necessidades.

Alguns correm, então, o risco de cair na frustração, de rejeitar o próximo, se não obtém o que desejam. Estes vão ser mais alguns obstáculos ao perdão. Por exemplo, se acreditamos que a outra pessoa vai servir-nos de pai ou de mãe, que nos dará segurança, que nos dará ou confirmará a nossa identidade, não poderemos perdoá-la por não preencher esse papel. Ao aprendermos a edificar a nossa identidade em Cristo, poderemos, então, deixar ao outro a liberdade de amar-nos à sua maneira ou até de não nos amar.

Exigir que a outra pessoa mude segundo os nosso pontos de vista pode ser um sério obstáculo ao perdão, pois há um sério risco de não podermos perdoar o seu modo de assumir as sequelas de sua história, os seus sofrimentos, a sua maneira de ser o que é. Se encaramos a sua especificidade como uma oposição ao nosso desejo, se permanecemos na frustração

---

[4] Jo 9,41.
[5] Mc 8,18.

permanente de uma expectativa não realizada, se nos sentimos ameaçados por uma outra maneira de pensar, de viver ou de comunicar, não seremos capazes do perdão.

A perseguição de um ideal

A noção de ideal, quer refira-se à imagem dos cônjuges, quer refira-se à imagem da família, de nossos filhos, de uma comunidade..., pode fazer-nos cair numa armadilha. Cada um carrega em si um ideal, e isso é bom. Mas é preciso atentar para não fazer dele um absoluto, um fim em si mesmo. Assim podemos cair no legalismo, na utopia... Pode acontecer que nos fusionemos com o nosso ideal; nesse caso, corremos o risco de passar nossa vida buscando realizá-lo, de viver apenas em função dele. Assim se carregamos em nós um ideal de casamento, não perdoaremos o nosso cônjuge por ser o obstáculo principal a essa realização. Obrigamos o outro, então, a carregar um fardo insuportável.

Teresa é casada. Na época de seu casamento, vive uma grande unidade com o seu marido. Ano após ano, Teresa envolve-se num caminho cada vez mais espiritual, enquanto o seu marido segue seu próprio trajeto — tem uma relação simples com as coisas, com a terra, com o mundo material. Sendo muito hábil com as mãos, exprime seu amor por Teresa facilitando-lhe a vida prática. Todavia, Teresa fixou para si um objetivo muito preciso: ter com seu marido uma comunicação profunda no plano metafísico. Sua exigência tornou-se tal que o relacionamento mútuo foi posto em perigo. Teresa forjou para si um ideal de casamento. O relacionamento só conseguiu restabelecer-se no dia em que Teresa compreendeu que devia resignar-se com a realidade. Foi, então, capaz de perdoar seu marido por ser o que é: diferente dela, com outras opções de vida.

Da mesma forma, se esperamos que nossos filhos se orientem pelos ideais que carregamos em nós, dificilmente poderemos perdoá-los por seguirem um outro caminho.

Com frequência, muitas pessoas creem que uma vida comunitária ideal é aquela na qual não rebenta nenhum conflito; tudo que poderia dar lugar a um confronto é apagado. As diferenças, então, só podem ser vividas na oposição. Não há diálogo real e a violência interior instala-se. Torna-se muito difícil perdoar àqueles que estão na origem dos conflitos e quebram o ideal de comunidade. Por outro lado, o perdão corre o risco de ser apenas periférico, pois apagar as diferenças é uma forma de matar a vida.

O outro

Não julgueis pela aparência[6]. *Não julgueis, para não serdes julgados; não condeneis, para não serdes condenados*[7]. Como compreender essas palavras de Cristo?

Não cabe a ninguém julgar ou condenar a outrem. Isso pertence ao Pai. Contudo, é indispensável discernirmos a justiça e a qualidade de um ato, sermos objetivos na análise de uma si-tuação; pois se jamais devemos condenar uma pessoa, devemos, da mesma forma, recusar vigorosamente todos os comportamentos que não são do Espírito. Não seríamos capazes de viver um ato de perdão truncado, que nos mantenha em conflito, em divisão interior.

---

[6] Jo 7,24.
[7] Lc 6,37.

Renunciar a julgar o ofensor

Trata-se de uma ordem que nos é dada, como que para ressaltar a importância vital dessa questão. Não julgar o outro significa que cessamos de procurar avaliar seu grau de culpabilidade, a intensidade do mal que poderia habitar em seu interior; que desistimos de esmiuçar seus móveis, suas intenções. "No cerne do perdão, como no centro do Jardim do Éden (…), há uma renúncia a 'conhecer' esse mal à maneira de Deus, que conhece todas as coisas (…). O perdão enraíza-se na árvore da vida e não na árvore do conhecimento do bem e do mal."[8] Só Deus sabe o que é vivido no coração de um ser humano; nós não temos possibilidade alguma de conhecer a sua ferida. Provavelmente por isso a interdição de julgar seja radical, imperativa. Talvez por isso, o próprio Jesus peça ao Pai que perdoe os seus carrascos como se não reconhecesse o direito de julgá-los por si mesmo. Só o Pai conhece a sua culpabilidade.

Não reduzir o outro aos seus atos

Muitos têm a tendência de definir o outro através de seu comportamento. Sem realmente se dar conta disso, tais pessoas podem chegar a negar o próximo por completo, a não esperar mais nada dele, a não mais atribuir nenhuma importância ao que ele pensa ou diz; e esta é uma maneira de matá-lo. Assim, não conseguem mais perdoar o outro.

Não devemos atar o outro a um único momento de sua vida: aquele momento em que nos feriu. Ainda que o prejuízo seja real, testemunhemos, pelo olhar que sobre ele lançamos, que nosso ofensor é e permanece filho de Deus, único com nós mesmos,

---

[8] BASSET, Lytta. *Op. cit.*, p. 447.

amado do *Pai de todos*[9], o qual vela sobre seu caminho. Ele não é aquilo que fez; ele pode evoluir. É isso que o pai do filho pródigo quer exprimir quando vigia o caminho. É sinal de que crê numa possível volta de seu filho, numa conversão de seu coração. Por essa espera, o pai leva-o a compreender que permanece sempre "amável"; e esse olhar é já um germe de cura no coração desse filho que se crê desprezível[10]. "Os verdadeiros olhares de amor são aqueles que nos esperam."[11]

Discernir o ato, o comportamento do ofensor

Isto faz parte de nossa responsabilidade. Não seríamos capazes de aderir a um ato que não é movido pelo Espírito ou que não é conforme às leis da vida; não poderíamos sequer ser cúmplices de um mal.

Podemos dar nome "àquilo que nos fez sofrer"[12], sem condenar a pessoa do ofensor que nos feriu. Muitos têm em si uma forte resistência ao ato de perdão, pois acreditam que, perdoando, vão aderir ao comportamento do outro; e isso não podem aceitar. "Não nos enganemos de inimigo", diz Gandhi; "o inimigo não são os ingleses, é a lei".

Perdoar não significa desculpar o ato. Existem atos que são inescusáveis. Escusar sistematicamente, sob o pretexto de caridade, é uma maneira de negar a liberdade do outro. Perdoar não quer dizer aceitar tudo, nem suprimir os confrontos. Se não obedecemos aos desejos do outro quando estes são contrários às leis da vida, há uma ameaça de entrarmos em conflito. Contudo, na luz e na força do Espírito, devemos assumir esses embates,

---

[9] Ef 4,6.
[10] Lc 15,20-21.
[11] Comentários de P. Baudiquey sobre o quadro *O Filho Pródigo* de Rembrandt.
[12] BASSET, Lytta. *Le Pardon originel*, p. 422.

vivê-los na verdade e no absoluto respeito à pessoa do outro, sem agressividade, vingança ou desprezo. Compreendemos agora como poderíamos, em nossa história, haver recusado certas direções que nos foram impostas, sem, contudo, cair no julgamento e na condenação do outro.

Em seu livro, *La Crise de la masculinité,* Leanne Payne fornece-nos um testemunho extremamente claro de um perdão bem oportuno[13]. Trata-se de um homossexual que se dirige interiormente a seu pai. Sua oração poderia ser resumida assim: "Eis o mal que o seu comportamento me fez sofrer (e ele o nomeia com precisão). Por esse mal, eu o perdoo; remito a sua dívida, não exijo mais que você mude. Porém, nunca mais me submeterei ao seu desejo e à sua vontade, que não estão inseridas no Espírito, que não são conformes às leis da vida"[14].

É-nos impossível perdoar, enquanto não dizemos um vigoroso "não" àquilo que nos é pedido ou imposto e que, todavia, não vem do Espírito.

3. Os estados interiores contrários ao perdão

O desprezo do outro

Questionemo-nos, primeiro, acerca da possível existência desse sentimento de desprezo em nós.

Tiago teve um pai extremamente fraco, que se submeteu à sua esposa e à sua sogra, de tal modo que a atmosfera do lar tornou-se viciada. Tiago dá-se conta de que existe, dentro de si, um sentimento de desprezo para com seu pai e, ao mesmo

---

[13] PAYNE, Leanne. *La Crise de la masculinité.* Ed. Jeunesse en mission, p. 69.
[14] *Ibid.*

tempo, por todo homem que acha fraco, frágil. Esta raiz, que ele mesmo plantou durante o relacionamento com o pai, está sempre presente.

É muito importante verificar quem podemos haver desprezado ou quem ainda desprezamos. Esse esclarecimento reserva muitas surpresas, pois é então que enxergamos como esse comportamento é comum.

Cristo jamais desprezou quem quer que fosse; eis um sentimento que lhe é desconhecido. É exatamente essa total ausência de desprezo que atrairá, em torno de si, a multidão daqueles que se reconhecem pecadores, que se creem impuros. Jesus fala-lhes do Reino, anuncia-lhes o Evangelho, convida-os a segui-lo. Enfim, comporta-se de maneira a revelar o valor pessoal dessa gente. Toca-os, deixa-se tocar por eles, senta-se à sua mesa. É tão maravilhoso ser acolhido por aquilo que se é; isso já é uma profunda cura[15]. Jesus vive isso com cada pessoa; tanto com a Samaritana, que faz parte de um povo infame para os judeus e cuja vida afetiva é completamente desordenada[16], quanto com a mulher impura, que sofre de uma hemorragia e ousa tocá-lo[17], ou com Nicodemos, fariseu, que não tem coragem de encontrar Jesus à luz do dia e vem vê-lo à noite[18].

Pode ocorrer que nos desprezemos a nós mesmos. Então, esquecemos ou ignoramos que fomos criados à imagem de Deus.

Perguntamos a André durante uma conversa: "Onde você se situa na parábola do filho pródigo?" "Eu? Eu guardo os porcos; não tenho outro lugar." Produziu-se a conversão do coração quando André compreende que o seu lugar não é guardando

---

[15] LECLERC, Éloi. *Le Royaume caché*. Paris, Desclée De Brouwer, 1987, p. 81-105.
[16] Jo 4,1-29.
[17] Mt 9,21.
[18] Jo 3,1-21.

os porcos, mas nos braços do Pai. E isto imediatamente, sem esperar, no estado em que esteja.

O desprezo pelo outro vai situar-se num ou noutro ponto, conforme aquilo que somos, a nossa história, os nossos ideais, os nossos sucessos e os nossos fracassos. Podemos desprezar um ou outro de nossos pais, um membro de nossa família, uma instituição, uma raça, uma classe social, os pobres ou os ricos, os intelectuais ou os operários, uma Igreja… Se desprezamos o que quer que seja, é porque ainda não perdoamos de verdade.

O rancor

É possível que haja em nós uma raiz de rancor muito antiga, profundamente escondida. Esse sentimento é uma verdadeira toxina que envenena a alma. O primeiro passo a dar é reconhecer o rancor. Frequentemente, basta sermos confrontados com essa palavra para nos tornarmos imediatamente esclarecidos.

É muito usual que as pessoas sejam complacentes com relação ao rancor. Todavia, é um sentimento oposto ao perdão, dado que conduz a guardar indefinidamente o mal feito por outrem, a fixar, a imobilizar o outro, em vez de deixá-lo ir, de abrir mão, de libertar. Estando o antigo solidamente enraizado, o novo não pode sobrevir. *Deixa os mortos enterrarem os mortos*[19], diz Jesus. *Se um homem guardar cólera contra o outro, como poderá buscar cura no Senhor?*[20] O Espírito não pode operar livremente numa situação conflituosa, numa discórdia, se estamos embaraçados na teia do rancor.

---

[19] Mt, 8,22.
[20] Eclo 28,3.

Paremos para abrir à luz do Espírito as causas desse rancor; em seguida, expulsemo-las de nosso coração.

O sentimento de vingança

O rancor pode conduzir a um sentimento de vingança. A vingança, diz Daniel Sibony, é "um estado passivo lançado na memória, uma carência que se fixa, esperando a passagem às vias de fato"[21]. Querer vingar-se é desejar mal a outrem, o que é o contrário da bênção. É alegrar-se com a sua infelicidade: "É bem feito". O desejo de vingança nasce, muitas vezes, do sentimento de impotência diante do mal que nos é feito: é a única saída que encontramos, embora profundamente destrutiva. Tal saída está ligada também à negação do nosso passado.

Há mil maneiras de vingar-se: obrigando-se a ter sucesso, a provar seu valor contra tudo e todos ("Vocês vão ver o que eu valho"); autodestruindo-se, para mostrar ao outro o quanto ele nos tornou infeliz; recusando-se a viver, a curar-se, pois seria fácil demais passar a esponja, como se não houvéssemos sofrido; culpabilizando o outro, negando o seu valor.

A clareza que mata

Alguns de nós percebem muito rapidamente as falhas do outro. Num instante, já perceberam onde se encontram os defeitos alheios. Que fazer a respeito disso?[22]

---

[21] SIBONY, Daniel. "Pour une éthique de l'être", em *Les Trois Monothéismes*. Paris, Éd. du Seuil, 1992, p. 333.
[22] O assunto neste capítulo é somente o perdão. Não tratamos aqui sobre o acompanhamento, quando nos encontramos numa situação diferente diante de alguém que pede uma ajuda específica. Nesse caso, aplicamos critérios de discernimento que obedecem a regras diversas e que implicam uma formação aprofundada.

Nosso olhar deve ser purificado, convertido, como todos os nossos sentidos, como todas as nossas faculdades. Se o olhar lúcido demais não é purificado, seremos conduzidos a julgar e a condenar. O outro será então delimitado e catalogado segundo as nossas impressões: sabemos, por antecipação e mais do que ele mesmo, o que o próximo vai pensar, dizer ou fazer. Esse olhar aprisiona, torna-se mais aferrado, em lugar de conduzir à liberdade. É, então, que se torna fácil desembocar numa forma de perversidade "inteligente" e muito destrutiva, que representa uma das espécies de pretensão à onipotência. No entanto, não é possível apagar o que vemos e o que parece oportuno comentar. Não sejamos complacentes sob o pretexto de respeitar o outro.

Cristo ensina-nos o que podemos fazer de nosso olhar. Primeiro este deve ser justo, pois temos a tendência de aumentar desmesuradamente o mal que se encontra no próximo, minimizando aquele que há em nós. É a história do cisco que vemos no olho do vizinho e da trave que não vemos no nosso[23]. O olhar deve estar a serviço do Espírito, isto é, da luz, da verdade, mas da verdade amante, que é manifestada para ajudar, para fazer crescer, assim como da verdade paciente.

O primeiro passo será entregar, confiar o que vimos ao Coração de Cristo: é assunto do Pai, não nosso. *Tu, Senhor, que conheces o coração de todos*[24]. Esta forma de jejum interior faz-nos sair da dominação que exercemos sobre o outro, ao desmascararmos dessa maneira nosso comportamento. No mesmo ato, podemos posicionar-nos como servidores do Espírito, colocando-nos à sua disposição, para sermos, segundo a maneira que nos será indicada, um auxílio, uma ferramenta sua nesse relacionamento. Estejamos prontos para falar, se uma porta for aberta para isso. Nesse caso, guardemos um tempo

---
[23] Lc 6,41.
[24] At 1,24.

de silêncio e de oração, a fim de sermos esclarecidos sobre as palavras a serem ditas e sobre o tempo favorável para dizê-las. Agindo assim, desobstruiremos o caminho, dando ao Espírito toda a liberdade para conceder-nos um novo olhar. Essa espécie de jejum espiritual fornece-nos tempo e espaço para vivermos uma coisa nova. Demos a Cristo o seu lugar, demos aos nossos pensamentos um repouso sabático. Cada vez que um pensamento destrutivo retornar, abramo-lo à ação do Espírito e substituamo-lo por uma palavra de vida. Confiemos na graça de Deus que nos acompanha durante esse jejum.

Contudo, sejamos igualmente prontos a nos calar. A disposição para calar-se é um bom critério para verificarmos se vivemos ou não no Espírito. Convertamos a nossa língua, que pode estar cheia de "um veneno mortal"[25]; submetamo-la. Não devemos espalhar o que vimos do outro sob pretexto de verdade.

Jesus nunca delimitou alguém dentro do conhecimento que possuía do ser humano. Todavia, jamais cedeu no que tinha para dizer ou viver. Pedimo-lhe, então, que nos introduza na plena compreensão de seu comportamento e que nos ajude a viver segundo esse aprendizado. Em numerosos episódios do Evangelho, Jesus "passa", retira-se, segue adiante quando é atacado[26]; no entanto, enfrenta seu julgamento e sua morte. Nesse instante, não "passa"; mesmo assim não responde à pergunta de Pilatos: *Que é a verdade?*[27] Através de seu silêncio, remete o outro a si mesmo, à sua própria caminhada. É vivendo no Espírito que iremos aprender a discernir quando temos de responder e quando temos de calar, de passar adiante.

---

[25] Tg 3,8.
[26] Jo 4,3.
[27] Jo 18,38.

4. Amai os vossos inimigos e orai pelos que vos perseguem[28]

Com efeito, se amais aos que vos amam... E se saudais apenas os vossos irmãos, que fazeis de extraordinário?[29]

Essas palavras parecem impossíveis de serem vividas, quando o relacionamento foi profundamente atingido, ou mesmo rompido; quando o inimigo é aquele ou aquela que está na origem das graves feridas, que talvez tenham destruído toda a nossa vida; quando nos encontramos diante do imperdoável. As pessoas que atravessaram o peso de sua história, na luz e no amor de Cristo, sentem bem que lhes falta viver mais essa etapa; enquanto não a houverem vivido, não terão terminado o seu caminho. Mas para amarmos o inimigo e rezarmos por ele, não nos precipitemos. Primeiro, tratemos de compreender bem essa palavra: que é amar o inimigo?

Amar

Cristo parte do princípio de que possuímos inimigos. Ele não vive no sonho, sabe que não estamos num mundo ideal, onde a harmonia é perfeita. Não alimenta ilusões sobre o estado de espírito de certos escribas e fariseus que são seus irmãos na fé: pressente que o entregarão à morte. "O homem bíblico coloca-se sempre diante de seu inimigo. É um fato, sobre o qual ele nem mesmo se questiona mais (...); é um dado da história. O pecado transformou em ódio toda oposição."[30] Jesus experimentou isso. Ora, não nos conduziria a essa questão, se estivesse fora de nossa vivência.

---

[28] Mt 5,44.
[29] Mt 5,46-47.
[30] *Vocabulaire de théologie biblique.* Paris, Éd. du Cerf, 1991, p. 356 e 357.

Comecemos por discernir claramente quem é o inimigo. Este pode ser um estranho, uma pessoa próxima, um membro de nossa família, uma parte de nós mesmos... Cuidado: não chamemos de inimigo as pessoas que nos questionam e que o fazem com razão.

Em nenhum caso, amar seu inimigo, orar por ele poderia significar que lhe damos licença de destruir-nos. O amor nunca é destrutivo; e todo ato que acarrete a nossa destruição ou a alheia não pode estar inserido no amor. Portanto, torna-se necessário às vezes sermos firmes, estabelecer limites. Ao orarmos pelo inimigo ou ao tentarmos amá-lo de maneira confusa, corremos o risco de deixar-nos desestabilizar.

Amar o inimigo não pertence ao âmbito do sentimento, do sensível, mas ao domínio da vontade profunda, da opção, do desejo de estar em concordância com as leis do Reino. Trata-se de amar como Jesus amou, de viver o *ágape*, o amor, que tem em Deus a sua fonte, que foi "transdinamizado" pelo amor de Deus. A palavra de Cristo é uma ordem de vida, não se refere ao sentimento. Não somos forçados a amar com simpatia natural, com afeição sensível. Amar o inimigo não significa ter com ele um intercâmbio profundíssimo, confiar-se a ele, ligar-se em amizade. Amá-lo significa respeitar a pessoa de quem nos fez mal, reconhecê-la em sua identidade de filho de Deus, em sua alteridade.

O ato interior de perdão dirigido ao inimigo poderia exprimir-se assim: "Hoje, perdoo você, perdoo a sua dívida e comprometo-me a respeitar a sua pessoa". Isso traduzir-se-á por um compromisso interior de não falar mal dela e de não "destruí-la" com algumas palavras penetrantes, sem, no entanto, permanecermos cúmplices do mal que foi feito.

Amar o inimigo é não pagar dente por dente, é não se tornar, por sua vez, inimigo do outro. *Por pouco meus pés tropeçavam, um nada, e meus passos deslizavam (...). Se eu dissesse: "Vou falar como eles!", já teria traído a geração de teus filhos. (...)*

mas tu me agarraste pela mão direita; tu me conduzes com teu conselho.[31] Amar o inimigo é querer-lhe o bem e não o mal; é reconhecer os frutos que ele produz, a fecundidade de sua missão, permanecendo, todavia, dentro do discernimento e da prudência necessários.

Que significa orar pelos inimigos?

Não somos capazes de orar pelo inimigo enquanto estamos em plena confusão; mas é sempre possível tomar uma atitude que nos liberte, que nos ajude a posicionar-nos corretamente antes de orar. Libertar-nos-emos nesse caso do comportamento do outro, de seu problema, do poder que mantém sobre nós. Libertamos o ofensor, por sua vez, do mal que nos fez, assim como do mal que podemos ter-lhe feito, ao mesmo tempo em que o deixamos seguir seu caminho, entregando-nos, ofensor e ofendido, à bênção de Deus.

Não é sempre prudente orar a cada dia, obstinadamente, pelo inimigo. Isto pode fazer-nos afundar em nossa dificuldade. Atentemos, também, para não termos pedidos específicos demais quando rezamos pelo inimigo, pois é muito fácil cairmos num acerto de contas através da oração.

Há uma forma de intercessão que pode ajudar o nosso posicionamento e que produz um fruto abundante. Consiste em permitir que a presença de Deus se estabeleça no cerne do relacionamento conflituoso, exatamente como se abríssemos a porta ou a janela de uma casa para deixar o sol entrar. Permaneçamos nessa atitude, até termos a certeza interior, absoluta, de que a presença de Deus está realmente aí, operante. E se a agitação retornar, concentremo-nos de novo nessa atitude. É

---

[31] Sl 72,2.15.23-24.

uma das espécies de oração de louvor. Não conseguimos fazer isso sozinhos; não é de nossa natureza. Basta pensar que Deus existe e que opera em todo lugar. Não se trata de entregar-lhe um problema como se quiséssemos livrar-nos de um fardo. Trata-se, na verdade, de uma atitude diversa, em que permitimos a entrada daquele que bate à nossa porta. A experiência mostra que orar dessa maneira conduz a uma suspensão imediata do julgamento da pessoa. A oração torna-se um modo de contemplação pacífica, de fé total na obra de Deus.

Peçamos a Deus, como fez Jesus no momento de sua morte, que perdoe os nossos inimigos[32]. Trata-se, é claro, do perdão dado à pessoa do inimigo, e não de uma bênção para o seu ato. Isso demonstra muito bem que o perdão vem de Deus, passando pelo coração e pelo pedido do Servo, ferido em sua carne, em seu bem mais precioso. Será que desejamos, de verdade, do fundo do coração, que o nosso inimigo seja totalmente perdoado? Esse é um ato muito purificador no caminho em direção ao amor. Não nos cabe saber se o inimigo vai ou não acolher o perdão de Deus; fizemos a nossa parte: abrimos a porta, sabendo que é Deus quem pode desfazer toda resistência.

Um trajeto bíblico

A Bíblia conta a história de um homem que só via em seu inimigo o ódio que neste habitava; o inimigo, contudo, tomando consciência de sua própria ferida, pôde viver o perdão recebido. Esse homem é Jacó[33].

Jacó, em sua juventude, foi autor de uma fraude: roubou a bênção que estava reservada ao primogênito, a Esaú, enganando

---
[32] Lc 23,34.
[33] Gn 27,1-34.

seu pai, Isaac. Esaú, cheio de cólera, procura matar Jacó, que foge. Após uma história extremamente movimentada, Jacó escuta o chamado de Deus: *Volta à terra de teus pais, em tua pátria, e eu estarei contigo*[34]. Volta às tuas raízes, enfrenta a tua história à luz de minha presença e receberás a minha bênção[35]. Jacó, portanto, retorna à terra de seus pais e, é claro, o seu primeiro encontro é com o seu inimigo mortal, Esaú, símbolo de sua própria trapaça. No começo, afoga-se no medo; protege-se, foge e vai viver sozinho um combate que dura toda uma noite[36]. Podem haver várias interpretações do combate de Jacó. Podemos, por exemplo, pensar que a sua história salta-lhe aos olhos, que ele revê com precisão o seu passado, sendo, então, confrontado com uma dúvida muito profunda. Provavelmente, não possui mais nenhuma autoestima. Como poderia Deus abençoá-lo com um passado tão fraudulento?[37]

Contudo, é esse o caminho que ele vai assumir, tornando-se capaz de receber a bênção no coração de sua história tortuosa[38]. Ele torna-se a si mesmo. Reencontrou a Deus no coração de sua realidade mais confusa, mais escondida: *Não te chamarás mais Jacó, mas Israel*[39]. Seu olhar e seu coração modificaram-se inteiramente. Jacó identificara Esaú ao seu ódio mortal e, de repente, tendo ele mesmo a compreensão de que era acolhido, amado, abençoado ao longo dos desvios que não mais esconde, começa a ver o irmão como um filho de Deus. Não tem mais medo dele. *Prostrou-se sete vezes em terra antes de se aproximar do irmão*[40]. É a prosternação reservada a Deus, sinal de que vê a

---

[34] Gn 31,3.
[35] Segundo Joseph Pyronnet, que propõe uma releitura de nossa história a partir da história de Jacó.
[36] Gn 32,23-33.
[37] Essa interpretação precisa do combate de Jacó é-nos dada por Raphaël Cohen, na apostila de trabalho, "Tikoun Peracha", 1991.
[38] Gn 32,30.
[39] Gn 32,29.
[40] Gn 33,3.

presença de Deus em seu irmão: reconhece que o Espírito habita em Esaú. Este fica completamente perturbado com essa saudação: (...) *correndo ao seu encontro, tomou-o em seus braços, arrojou-se-lhe ao pescoço e, chorando, o beijou*[41].

O relacionamento foi transformado por inteiro de ambos os lados: o olhar de Jacó desmanchou o coração de Esaú, que se torna capaz de abandonar o seu ódio, a sua dor. A história de Esaú e Jacó é preciosíssima; vem ao encontro daquilo que vivemos e mostra a caminhada da conversão do coração. Quando alguém se torna um inimigo, podemos prosternar-nos diante dele, interior, secreta e silenciosamente; podemos prostrar-nos diante desse coração habitado pela presença de Deus, diante dessa semente de filho de Deus. Ser-nos-á, talvez, preciso repetir esse ato durante semanas ou meses, até que sejamos capazes de vivê-lo na prática.

5. Alguns esclarecimentos sobre o perdão

O perdão não é necessariamente o fim do sofrimento. Muitos pensam que, a partir do ato do perdão, não sofrerão mais. Isso não é sempre verdade. O que acontece é que não sofrerão mais da mesma maneira: o sofrimento não produzirá mais a morte; poderá ser vivido com um coração pacificado, pois, agora a vida está presente.

O perdão é incondicional. É gratuito, excluindo qualquer negociação. Não se trata de perdoar sob condição de que o outro dê certo passo, de que reconheça os seus erros, de que tome consciência do mal que fez. Tudo isso cabe somente a ele, e nós não somos senhores do ofensor.

Não devemos perdoar visando um objetivo. Por exemplo, esperando que tal ato nos evite viver a pena que não consegui-

---
[41] Gn 33,4.

mos assumir, como no caso da ruptura de um casamento: "Se eu perdoar, poderei explicar-me totalmente; o diálogo poderá ser retomado..."

Quando perdoamos, o relacionamento não é necessariamente restaurado em sua forma exterior. Mas tudo se posiciona para que o seja. A restauração completa do relacionamento não depende unicamente de nós: é necessário que o outro a deseje. Às vezes, é preciso distanciar-nos ou, se possível, tomarmos um distanciamento interior, de modo a nos proteger.

No perdão, renunciamos a fazer justiça por nossas próprias mãos, renunciando, da mesma forma, a querer explicar absolutamente tudo, a tudo esclarecer, a tudo compreender. Chega um momento em que temos de deixar de lado todo o raciocínio, toda justificação; e isso nem sempre é possível. Esse caminho pode representar uma armadilha, e é decerto uma grande frustração perdoar sem poder, verdadeiramente, fazer-se escutar. Mas é algo que pode acontecer e é necessário assumi-lo.

Importa que sejamos extremamente prudentes ao nos expressarmos. Podemos pedir perdão a outrem; mas ir dizer-lhe que o perdoamos pode, com muita rapidez, transformar-se num ajuste de contas, numa autojustificação, num sentimento de superioridade, de orgulho. Pode acontecer também de sermos conduzidos ao julgamento sobre o outro, que pode reabrir a porta do conflito. Na maior parte do tempo, basta perdoar interiormente, de maneira clara, e silenciar. A mudança em nosso coração vai traduzir-se de uma maneira ou de outra, se somos vigilantes: por um gesto, por um olhar, por um novo modo de comportamento. Estar disposto a calar-se é um bom critério para sabermos se o nosso coração está purificado. A experiência mostra-nos que, se perdoamos de verdade, mesmo se não abrimos a boca, a situação vai evoluir de forma totalmente inesperada; algo, que escapa de todo ao nosso domínio, produzir-se-á, trazendo consigo um fruto de vida.

O ato do perdão

Uma vez vividas todas essas etapas, chegará o momento de efetuar o ato do perdão. Nesse momento, estaremos diante de nossa liberdade. Podemos guardar, reter a dívida ou remiti-la; desatar a situação ou mantê-la congelada; entrar num movimento de libertação de ofensor e ofendido ou permanecer acorrentados. Contudo, se a escolha é clara, não retardemos indefinidamente o perdão. *Podemos* viver essa passagem, que parece intransponível, pois é o Senhor quem *combaterá por nós*[42]. Na sua graça, respondamos ao seu apelo e ele *nos livra das mãos dos egípcios*[43].

Este ato de perdão é preciso: "Tal dia, em tal hora, escolho perdoar essa dívida. De agora em diante, você não tem mais dívida para comigo, estamos quites". Essa escolha é feita no coração profundo, com inteira determinação. O coração, a partir daí, guardará o rastro dessa passagem. É um referencial ao qual poderemos retornar, pois o sofrimento e a revolta podem ser reavivados na eventualidade de encontros, de conversas, de lembranças que voltam. Tal ocorrência, no entanto, é profundamente normal. Apenas, ora em diante, temos o conhecimento seguro de que o ato original realizado é sempre válido. O perdão foi dado, é um fato; não voltemos atrás em nossa escolha. Nesses casos, temos simplesmente de renová-lo e aprofundá-lo. É o mesmo processo que se vive num voto de pobreza, por exemplo: é feito de uma vez por todas, mas vai ser exercido dia após dia, frequentemente no combate espiritual.

"*Uma pedra se desprendeu sem intervenção humana e atingiu a estátua nos seus pés de ferro e barro, reduzindo-os a pó.*"[44]

---

[42] Êx 14,14.
[43] Êx 14,30.
[44] Dn 2,34.

CONCLUSÃO

1. O caminho do cotidiano

> E eis que estou convosco todos os dias
> até o fim do mundo[1].

Se nos contentarmos em ler ou em escutar os ensinamentos sobre a evangelização das profundezas, ficaremos sempre na periferia. Haver compreendido, haver mantido um grande interesse nesse caminho não basta. Agora, tratar-se-á de vivê-lo, dia após dia, individualmente, mesmo se a partilha com os outros e o acompanhamento sejam muito importantes. As causas das feridas infectadas já foram sanadas. Mas uma vigilância cotidiana é necessária, pois é apenas caminhando, dia após dia, que a restauração poderá ser feita.

Quando atravessamos uma transição que nos parece fundamental, cremos, com bastante facilidade, que tudo está acabado. Contudo, pode acontecer que, seis meses ou um ano depois, uma nova luz seja lançada sobre uma zona, até então entenebrecida de nosso ser; assim, uma outra passagem de cura será vivida.

---
[1] Mt 28,20.

Todavia, há um "antes" e um "depois": nossos olhos e nossos ouvidos tornam-se abertos. Agora, já possuímos referenciais basilares; podemos compreender o que acontece em nós. O trabalho de parto completa-se e nós o atravessamos tranquilamente, na confiança.

A vida no Espírito

Não se trata mais de caminhar sozinhos. Temos certeza de que o Espírito está presente para guiar-nos, de que a graça nos fortifica, sendo-nos dada a cada passo do trajeto. Nada, jamais, nos faltará, para que possamos viver as passagens interiores a que somos chamados.

É estranho ver como algumas pessoas, frequentemente, são detidas na caminhada por uma total impotência, como se estivessem diante de um vazio intransponível. É como se esquecessem, então, que o Espírito pode ajudá-los. Todavia, importa ter prudência naquilo que se refere à vida no Espírito, pois, com efeito muitos tomam por indicações suas movimentos que vêm da própria psique. Não se trata, porém, de permanecermos temerosos e ignorantes nesse âmbito.

Faze-te ao largo, diz Jesus[2]. Ousai fazê-lo, distanciai-vos da margem, de vossos velhos hábitos. Exercitemo-nos em pedir a graça, aprendamos a reconhecê-la, a compreendê-la, a tomar posse dela, a consultar o Espírito, a escutá-lo, a compreender a sua maneira de conduzir-nos, a colaborar com ele. O Espírito é vivo; Cristo é vivo. Não se trata de ficar à margem desse dom de vida.

---

[2] Lc 5,4.

O combate espiritual

No momento em que escolhemos viver, abandonar o caminho de morte que reconhecemos, frequentemente pensamos que o trajeto terminou. Na verdade, está apenas começando. Teremos de fortificar, alimentar e lançar raízes à caminhada que fizemos, retomando-a, dia após dia, e ajustando nossos comportamentos à direção escolhida. Somos, então, chamados a viver um combate espiritual que, de fato, não é uma luta entre Deus e nós, mas uma luta junto com Deus e em Deus contra as trevas, que começam dentro de nosso próprio ser: "Carregamos a vida de Cristo; possuímos a sua vitória no cerne de nossas obscuridades"[3].

Somos, de alguma forma, escolhidos por Deus para sermos seus parceiros nessa missão; e isso nos conduz a *alargar o espaço de nossa tenda*[4], pois não se trata mais de resolver apenas um problema pessoal. Trata-se, agora, de colocar-se a serviço do grande movimento de salvação e de redenção realizado por Cristo.

A oração de vigilância

Se queremos de verdade seguir esse caminho, teremos de reservar-nos um momento todos os dias para um aprofundamento, um enraizamento. Cabe a cada um encontrar o seu ritmo, o tempo e o lugar propícios. Não esperemos ter tempo: assim, nunca o arranjaremos. Trata-se, antes, de uma questão de prioridade. Retomemos na oração, cada dia, em algumas frases, o essencial de nossa caminhada: aquela palavra que nos alimenta, que nos reestrutura, aquilo que precisamos abandonar, assim como o passo vital que demos.

---

[3] GENTON, Rosette. Ensino oral.
[4] Is 54,2.

Evangelizemos nossos comportamentos e verifiquemos, dia após dia, onde estamos. Não nos inquietemos se, durante certo tempo, só coisas negativas vierem à tona: os velhos hábitos são resistentes. Mas os comportamentos novos vão paulatinamente substituí-los; e a palavra de reestruturação que nos foi dada servir-nos-á de apoio. Tal palavra vai alimentar a nossa vontade, iluminando o caminho.

Todos os dias, realizaremos pequenos atos de liberdade. Podem parecer mínimos, mas é essencial acreditar em todo o seu valor. É graças a eles que vamos enraizar-nos no caminho em direção à vida.

Por onde começar?

Não podemos trabalhar todos os planos ao mesmo tempo. Comecemos de onde estamos, daquilo que vem à tona, de nosso mal-estar, de nossa reação a um acontecimento. Permaneceremos naquele ponto em nós, onde discernimos que o Espírito está operando.

Segundo a nossa necessidade, retomemos uma ou outra dessas etapas de nosso trajeto. Abramo-nos de novo ao Espírito; paremos para viver uma emoção, para deixar que Cristo habite nela; paremos para verificar se essa emoção entra em consonância com uma de nossas feridas de nosso passado, com algum de nossos falsos direcionamentos. Reencontremos a saída.

Recaídas

As recaídas são normais e inevitáveis, pois as feridas são reavivadas pelos acontecimentos. Muitas vezes, contudo, quando nos confrontamos com esse limite, perdemos a coragem, pois achamos que o avanço que pensávamos viver era uma ilusão.

Na verdade, somos sempre tentados pelo desejo de onipotência e pela busca incessante de uma cura definitiva e total. Mas não é assim que as coisas acontecem.

Saibamos que a mudança que vivemos, em Cristo e no Espírito, está solidamente ancorada, não sendo passível de destruição, pois já produziu um fruto de vida eterna. Aquilo que vivemos é um referencial, e a caminhada que fizemos é bastante concreta. A causa de nossa ferida já foi sanada, e agora já sabemos como sair de uma recaída. Agora que conhecemos o caminho, só temos de retomar as etapas. Cada vez em que nos encontramos diante de uma passagem difícil, o Espírito libera em nós novas forças. Longe de ser um retrocesso, cada recaída superada é uma ocasião de aprofundamento.

Nesses momentos, experimentamos mais uma vez que o auxílio de Deus jamais faltará, qualquer que seja a forma que tome.

Nossas armadilhas

Uma das armadilhas mais frequentes, para muitos de nós, será a tentação de voltar atrás. Tendo tomado consciência de nossa ferida e do falso direcionamento que tomamos, qualquer acontecimento que nos reconduza a esse ponto faz-nos recair na dúvida e na inércia.

Reinstalamo-nos, então, no túmulo: não sabemos mais viver o combate espiritual basilar que se arma nesse momento[5] e fechamo-nos na impotência. "E agora? Que farei com aquilo que vi?" De uma maneira estranha, por causa de um outro aspecto de nossas feridas que veio à tona, não sabemos mais reencontrar a saída. Não percebemos que a semente de ressurreição foi

---

[5] Dt 30,15-20.

plantada em nós de forma definitiva, que foi despertada e que começou a desenvolver-se quando abandonamos o caminho de morte para tomar o caminho de vida. É-nos dado entrar, desde agora, na vida de ressurreição[6], porém, sob a condição de a desejarmos, de a ela aderirmos.

É necessário, contudo, estarmos sempre nesse "vaivém" entre o presente e o passado, pois os movimentos fundamentais que vivemos em nosso presente remetem-nos quase sempre a uma ou outra de nossas feridas. É esse retorno que devemos viver no Espírito, deixando-nos guiar ao longo das grandes etapas que agora conhecemos. Poderemos, então, erguer-nos e retomar a caminhada, carregando corajosamente o nosso leito.

No mais, cada um tem a sua armadilha característica, cada um tem a sua maneira de recair nos velhos hábitos. Precisamos descobrir nossa armadilha específica e ficar atentos. Sempre que sofrermos uma recaída, descubramos por que e como nos deixamos apanhar pela nossa armadilha.

Ressurreição espiritual e cura física ou psicológica

Há uma diferença entre a ressurreição espiritual e a ressurreição psíquica ou física. Os caminhos da evangelização das profundezas conduzem não apenas a uma verdadeira renovação espiritual, mas também a uma reordenação da psique, a um restabelecimento ou a uma melhora clara da saúde, a uma retomada de todas as energias. Não podemos abrir todas as zonas de nosso ser ao amor e à luz de Deus, sem que algo de muito profundo seja vivido em todo o nosso organismo.

Contudo, mesmo vivendo de verdade esse trajeto, podem subsistir em nós estruturas psicológicas muito arcaicas, muito

---
[6] Jo 11,25.

enraizadas, ou sequelas de doenças físicas. É preciso que o saibamos, para não nos atormentar em vão, dizendo que há algo em nós que não está bem, que deveria ser curado a todo custo. Jesus ressuscitou com suas chagas[7], e nós também vamos ressuscitar com as nossas. Isso faz parte dos limites do ser humano. É uma realidade muito dura de aceitarmos, pois é difícil não nos imaginarmos sem limites, inteira e completamente curados. Não é porque subsistem fragilidades que ainda estamos em desordem. Se já deixamos o Espírito trazer-nos a luz, será possível vivermos com um coração pacificado, pois, então, teremos entrado na verdadeira humildade.

Abandonar a tensão

Tenhamos cuidado para não nos fixarmos num objetivo muito preciso. Podemos cair numa espécie de idolatria do pensamento exato, do gesto exato: "Será que compreendi tudo? Será que estou vivendo essa passagem como deveria vivê-la?"

Da mesma forma que devemos encontrar nossos referenciais, devemos desapegar-nos de normas rígidas, de sistemas, entrando na docilidade da vida no Espírito, seguindo suas indicações, repousando sobre o coração de Cristo, aceitando nossos limites, nossa medida.

---

[7] Jo 20,27.

Gratidão e louvor

Cada dia, reconheçamos os frutos da nossa caminhada. Não os consideremos como insignificantes, mas rendamos graças a Deus, agradeçamo-lhe.

Além do mais, podemos tornar-nos homens de louvor. O louvor é diferente da gratidão: não rendemos graças por nossa desordem, por nosso caos, mas louvamos a Deus por aquilo que ele é, na certeza de que está operando na globalidade do que vivemos, inclusive nas transições difíceis. O louvor é um pouco como a atitude do amante que abre a porta ao amor. Faz passar do peso, do acabrunhamento à confiança, à certeza da fé. O louvor já é cura, pois supõe a conversão do coração.

Pouco a pouco, passamos a glorificar a Deus, isto é, louvamos não só no coração, mas pela maneira com que todas as partes de nosso ser, de nosso corpo e de nossa psique são renovadas.

Retorno à família

Sejamos discretos em nossa caminhada; não a imponhamos a ninguém. Cada um é livre em seu caminho. Muitas vezes, encontramos os primeiros frutos do trajeto na renúncia à dominação que exercemos sobre os membros de nossa família. Se retomamos o nosso lugar adequado, se não exigimos mais que aqueles que nos são próximos mudem segundo nossas opiniões, veremos a família pouco a pouco colocar-se em ordem. Nesse momento, renunciamos a ajudar o outro segundo a nossa própria sabedoria, como o fazíamos antes. Um relacionamento mais humilde e mais verdadeiro vai instalar-se. A começar por nós mesmos, ao vivermos o necessário caminho de conversão de nossas profundezas, descobrimos, então, que essa é a maneira mais autêntica de ajudarmos aqueles que amamos.

Ajuda, acompanhamento

Este caminho é pessoal. Ninguém poderá segui-lo em nosso lugar. Contudo, é indispensável sermos acompanhados por pessoas formadas, que percorreram, elas mesmas, esse caminho de unificação do ser.

Os frutos dessa caminhada não podem senão se provar e se exprimir em nosso relacionamento com o outro e com o nosso mundo, pois todos esses planos são interdependentes. E tudo o que vivemos durante esse caminho de volta à nossa terra interior e ao país de nossos pais[8] foi-nos dado, para que participemos na construção daquilo que Jesus chama de "Reino": a renovação dos relacionamentos, o dom.

Eis que faço novas todas as coisas[9].

---

[8] Gn 31,3.
[9] Ap 21,5.

ÍNDICE

Preâmbulo 3
Introdução 7
A Palavra de Deus - Cura de um enfermo na piscina de Betesda 19

Primeira parte
ABRIR-SE AO ESPÍRITO 25
I. O chamado 27
   1. Que deve ser aberto? 28
   2. A onipotência de Deus ou o amor todo-poderoso? 30
II. Os obstáculos 33
   1. O medo de Deus 33
   2. O medo de nós mesmos 44
III. Como abrir a porta? 51
   1. Escutar e abrir 51
   2. Algumas referências na estrada 55

Segunda parte
FERIDAS 63
I. Que fizemos de nossas feridas? 65
   1. As feridas dissimuladas 66
   2. As feridas infectadas 70

II. A fusão 75
   1. Que é fusão? 75
   2. Que nos diz a Palavra? 78
   3. Como sair da fusão? 84
III. Confusões 87
   1. Confusões nas funções familiares 87
   2. Tomar para si o caminho de outro 91
   3. As promessas mal orientadas 95
IV. A dominação 99
   1. Algumas referências
      sobre a autoridade e a obediência 99
   2. Que espécie de dominação já conhecemos
      em nossas vidas? 102
   3. A Palavra de Deus 105
V. As feridas do amor 107
   1. A carência de amor 109
   2. A perda do amor 117

VI. A Cobiça 121
   1. As infelizes consequências 122
   2. O caminho de conversão 126
   3. Tenhamos coragem de viver a diferenciação 128

Terceira parte
COMO DEUS NOS RESTAURA? 131
A Palavra de Deus - Na casa de Marta e de Maria 133
I. A vontade de Deus 137
   1. Como compreendê-la? 137
   2. Como fazer a vontade de Deus? 139
   3. Armadilhas 145
   4. A consagração do coração 152
II. O ato de fé, a súplica atendida 155
   1. A especificidade de nossa fé nessa caminhada 155
   2. Atendimento das preces — obstáculos e armadilhas 157
   3. A ferida curada 160
III. A Palavra de reestruturação 163
   1. A proximidade e as funções da Palavra de Deus 163
   2. Como a Palavra nos é dada? 165
   3. Referenciais e armadilhas 170

Quarta parte
O PERDÃO 175
A Palavra de Deus - A parábola do filho pródigo 177
I. Receber o perdão 189
   1. Feridas, transgressão, pecado 190
   2. O tempo do perdão 194
   3. Confusões 202
II. Perdoar 207
   1. Reconhecer o mal sofrido 208
   2. O olhar correto 209
   3. Os estados interiores contrários ao perdão 215
   4. Amai os vossos inimigos
      e orai pelos que vos perseguem 221
   5. Alguns esclarecimentos sobre o perdão 226

Conclusão 229
   1. O caminho do cotidiano 229

Este livro foi composto com as famílias tipográficas ITC Tiffany e Times Roman e impresso em papel Offset 63g/m² pela **Gráfica Santuário.**